옮긴이   옥창준

대학에서 국제정치학을 공부했다. 국제정치학을 통해 '세계'를 배웠지만, 오히려 국제정치학
은 '세상'을 바라보는 흥미로운 방법에 가깝다고 생각한다. 지도 보기를 즐기며, 구글맵으로
세계여행을 떠나는 취미가 있다.

.

Brilliant Maps
똑똑해질 지도?

초판 1쇄 인쇄 2022년 12월 1일
초판 1쇄 발행 2022년 12월 5일

지은이   이안 라이트 (일러스트 INFOGRAPHIC.LY)
옮긴이   옥창준
펴낸이   김연희

펴 낸 곳   그림씨
출판등록   2016년 10월 25일 (제406-251002016000136호)
주   소   경기도 파주시 광인사길 217 (파주출판도시)
전   화   (031) 955-7525
팩   스   (031) 955-7469
이 메 일   grimmsi@hanmail.net

ISBN 979-11-89231-48-4 03900

이안 라이트
일러스트 INFOGRAPHIC.LY

옮긴이 옥창준

Brilliant Maps

똑똑해질

지
도
?

그림씨

힘

문화

관습

역사

정체성

죄와 벌

환 경

지도나 상식, 또는 세상만사를 더 많이 알고 싶은 사람이라면, 이 책을 좋아할 거라 확신한다. 이 책의 제목(*Brilliant Maps*) 내가 운영하고 있는 인기 사이트 'brilliantmaps.com'에서 따왔다. 인터넷에서 구할 수 있는 여러 가지 지도를 전시하고 모아서 재구성한 사이트이다. 사이트가 개설된 2014년 하반기부터 지금까지, 약 350장의 지도를 게재했고, 1,500만여 명이 이곳을 방문했다. 소말리아, 쿠바, 벨기에, 그리스 같은 나라의 인구보다 많은 숫자다.

더 흥미로운 점은 전 세계 방방곡곡의 사람들이 사이트를 방문했다는 것이다. 방문자들의 출신국은 241개의 국가나 지역을 망라했는데, 국제연합UN 회원국이 193개라는 점을 감안하면 놀라운 수치가 아닐 수 없다. 멀리 떨어진 남극이나 북한, 서사하라, 크리스마스 섬과 영국령 인도양 지역(차고스 제도를 포함한 탄자니아와 인도네시아 사이에 있는 열도로, 사람이 살지 않는 섬이다)에서 방문한 사람도 있었다. 단일 도시 가운데서는 런던에서 접속한 사람이 가장 많았고, 세계의 34,262개 마을과 도시 사람들이 방문했다. 작은 마을 가운데는 워싱턴(영국), 오타와(미국 일리노이 주), 시드니(캐나다 노바스코샤 주)와 같이 누구나 아는 큰 도시와 똑같은 이름을 가진 곳도 있었다. 이러한 통계를 보면, 우리를 둘러싼 세계를 향한 호기심은 만국 공통이라는 걸 알 수 있다.

난 지리학자도, 지도학자도 아니다. 그래서 내가 지도에 관한 사이트를 만든다고 하면 의아해 할 사람도 있을 것이다. 하지만 나는 항상 지도에 관심이 있었고, 지도에는 우리가 배울 만한 놀라운 정보가 있을 거라고 생각했다. 어린 시절 나도 다른 아이들처럼 세계 지도를 방 벽에 붙여 두고, 거대한 세계에 매료되곤 했다. 학교에서 자주 보던 지도책을 들여다 볼 때면 더 많은 것들이 궁금했다. 그렇게 지도를 통해 먼 나라 사람들, 경제에 관한 정보를 터득했다.

나는 토론토대학교에서 역사학과 정치학, 경제학을 전공했다. 이 학문들을 배우며 세계가 어떻게 돌아가는지 맥락을 잡고, 세상을 보는 틀을 잡아 갔고, 지금의 세계가 어떻게 형성되었는지를 알 수 있었다. 지도는 여러 사건을 보여 줄 때 꼭 필요한 물건이었다. 10년 전, 나의 아내 로라는 18세기에 나온 니콜라 드 페르Nicholas de Fer의 세계 지도를 결혼 선물로 주었다. 그리고 1년 뒤, 우리는 캐나다를 떠나 런던으로 이사를 왔다(지도는 캐나다 집에 두고 왔다).

그런 의미에서 지도에 대한 내 관심은 어느 정도 이유가 있지만, 이게 다른 수백만의 평범한 사람들과 크게 다르지 않다고 생각한다. 그렇다면 왜 이 책을 썼는가. 그 시작을 알기 위해 2012년으로 되돌아가 보면, 당시의 난 이 책과 전혀 상관없는 지도에 관련된 어떤 도전을 하고 있었다. 바로 런던 지하철 노선 전체를 땅 위로 걷는 것. 2010년, 런던으로 이사를 오자마자 나는 런던과 사랑에 빠졌다. 주말이 되면 런던의 좁은 길과 숨은 골목을 시도 때도 없이 걸어 다녔다. 런던의 상업중심지인 스퀘어 마일Square Mile부터 넓은 녹지(런던의 47%는 녹지이다)와 런던 명소인 아름다운 공원들까지 말이다.

런던에는 이정표가 되는 길들이 있다. 가장 유명한 건 캐피탈 링Captial Ring(런던의 둘레길), 런던 루프London Loof(런던의 외곽 둘레길), 주빌리 워크웨이Jubilee Walkway(관광지가 많은 런던 중앙부를 통과하는 길), 주빌리 그린웨이Jubilee Greenway(런던 중앙부를 통과하는 공원과 녹지 중심의 길), 템스 패스Thames Path(템스강을 따라 남북으로 뻗은 길), 런던 교통정보 TfL(Transport for London, https://tfl.gov.uk)에는 이 길을 포함하여 모든 길에 대한 지도와 정보가 제공된다. 런던에 관심 있고, 걷기를 좋아하는 사람들에게 이 사이트를 강력 추천한다.

나는 머릿속으로 차근차근 런던에 대한 상상의 지도를 만들었다. 자주 템스 패스, 리젠트 공원Regent Park, 그랜드 유니언 운하Grand Union Canals를 따라 걸으면서 만든 주로 런던 중앙부에 관한 지도였다. 2년 정도 이 길들을 따라 걷고 난 뒤, 이제 걷는 일이 일상이 된 듯하여 앞으로는 걷기를 좀 더 체계적으로 해야겠다고 생각했다. (흔히 '튜브'라는 애칭으로 불리는) 런던 지하철 노선도는 세계에서 가장 대표적인 교통 지도일 것이다. 이 지도는 선과 점으로 노선을 보여 준다. 각 지하철역을 나타내는 점들은 선 위에 일정하지 않게 배치되어 있는데, 다소 왜곡하거나 단순하게 만들긴 했지만 확실히 눈에는 잘 띈다. 이 노선도는 해리 백Harry Back이라는 도안가가 1931년에 고안한 것으로, 이전까지 쓰던 어쩌면 지리적으로 더 정확할지 모르지만 난삽하고 보기 어려운 노선도를 대신하게 되었다. 지도학적으로나 디자인적으로 위대한 이 노선도는 런던을 위한 최고의 탐험 지도이기도 했다. 지하철 노선도를 따라 걷는 것은 런던의 더 많은 면을 알 수 있는 독특한 방법이라고 생각했다.

물론 내가 이 도전을 처음으로 시도한 사람은 아닐 것이다. 이미 많은 사람들이 런던 지하철을 따라 걸었지만, 이를 온라인에 기록한 사람은 거의 없었다. 마크 모슨Mark Moxon(영국의 웹 개발자이자 작가-옮긴이 주)은 2008년에 모든 런던 지하철 노선을 따라 걸었다. 그리고 이 이야기를 훌륭하고 유용한 그의 웹사이트 튜브워커(https://www.tubewalker.com)에 올렸다. 또 2011년, 마크 메이슨Mark Mason(영국의 작가-옮긴이 주)은 지하철 노선을 따라 걸었던 경험을 담은 *Walk the Lines: The London Underground, Overground*를 출간했다. 이 기록들은 나에게 자극이자 실용적인 정보가 되었고, 작업을 준비할 수 있게 해 주었다. 2012년 8월, 지하철 노선도를 따라 걷기 시작해 1년 안에 이 도전을 마치겠다고 목표를 세웠다. 더불어, 걸으며 만나는 모든 지하철역들을 하나하나 방문하겠다는 계획도 함께 세웠다. 내가 처음 시도한 사람은 아니지만, 처음 시도한 캐나다인은 될 수 있을 것이다(내가 아는 한).

이미 언급했듯 이제 지하철 노선도는 지리적 정확성과는 거리가 멀다. 런던을 그냥 돌아다닐 땐 도움이 되겠지만, 걷기 계획을 세울 땐 전혀 도움이 되지 않았다. 다행히 이때 막 구입한 첫 스마트폰에는 구글Google 지도가 탑재되어 있었다. 구글 지도가 나왔을 당시에는 이게 얼마나 혁신적이었는지 잘 기억나지 않지만, 사실 구글 지도의 탄생은 더 이상 누구도 길을 잃지 않는다는 걸 의미했다(적어도 스스로 미아가 되길 원하지 않는다면). 내 생각엔 구글 지도만 있다면 미리 계획을 세울 필요도 없다. 다음에 갈 지하철역을 지도 검색창에 입력하기만 하면 된다. 그러면 구글이 역까지의 가장 빠른 길을 지도에 표시해 준다. 이 기능은 모든 집과 길이 다 똑같아 보이는 런던 교외를 걸을 때 특히 유용했다. 언제 어디서든 쓸 수 있는 길 찾기 기능 덕분에, 구글과 빙Bing 같은 검색 사이트에서는 '지도'보다 '구글 지도'라는 단어가 더 자주 검색된다. 구글 지도는 우리가 지도를 보는, 나아가 세계를 보는 방식을 바꾸어 놓았다. 물론 이러한 변화가 언제나 좋은 것만은 아니다(대표적인 예로, 개인 정보 유출과 지도 독해력 문제가 있다). 그래도 종합적으로 본다면, 장점이 훨씬 더 크다고 생각 한다. 길 잃을 걱정이 사라지니, 역설적이게도 낯선 곳에서 길 잃는 상황을 즐길 수 있게 되 었다.

구글 지도 덕분에 히스로Heathrow 공항 주변을 터벅터벅 걷기도 하고, 체셤Chesham을 자유롭게 돌아다녔다. 에핑Epping까지 하이킹을 하고, 모르덴Morden까지 거닐며, 사이사 이에 있는 모든 지하철역에 들렀다. 총 634.56km(런던에서 에든버러까지 달하는 거리)를 걸었 고, 총 151시간 16분을 걸었다. 그리고 2013년 8월, 도전을 시작한 지 1년 만에, 마지막 걷 기를 마쳤다.

이 목표를 달성하고 나서 자신감을 얻은 나는, 이 도전을 좀 더 발전시켜 지하철 노선도 에 나온 비지하철 노선(오버그라운드, DLR, TFL선(히스로 공항과 런던을 이어주는 노선-옮긴이 주) 과 런던케이블카)을 모두 걷는 계획을 세웠다. 그리고 2014년 봄에, 걷기 도전 제2탄을 시 작했다. 2015년 8월에 이 도전을 마친 나는, 2015년판 지하철 노선도 모두 걷기에 성공한 최초의 인물이 되었다(2015년 이후에 추가된 전차 노선과 TfL선 추가 노선 등은 아직 걷지 못했다). 총 101,7.82km를 걸었고, 이는 영국의 땅끝Land's End에서 존 오그로츠John O'Groats까지 의 거리보다 길다. 시간은 총 229시간 47분이 걸렸다.

근데 이게 Brilliant Maps 사이트와 도대체 무슨 연관이 된단 말인가.

2012년 초, 지하철 노선을 따라 걷기 시작할 당시, 나는 '무작위 런던Randomly London' 이라는 블로그를 개설했다. 이곳에는 런던에 관한 재미있는 사실, 내가 찍은 사진, 역사 관 련 토막 정보, 짧은 영상 등을 올렸다. 본질적으로 말하자면 이 블로그는 어설픈 '런더니스 트' 사이트(https://londonist.com)였다. 걷기를 시작할 당시엔 블로그의 주요 관심사는 오직 걷기였다. 날고 기는 사람이 넘치는 인터넷에서 내 이야기를 들어 줄 청중을 찾는 일은 항 상 어려웠고, 나는 트위터와 레딧에서 소수의 구독자를 얻었다. 안타깝게도 지하철 노선도

걷기를 마쳤을 무렵, 블로그에 글 쓰는 일을 게을리하고 있었다. 두 번째 도전 당시에는 거의 글을 올리지 않았다. 런던에만 초점을 맞춘 블로그가 조금 제한적이라고 생각했고, 지하철 노선도와 런던을 넘는 사이트를 구상했다.

네 가지의 서로 다른 일이 겹치면서, 오직 지도에만 초점을 맞춘 사이트를 구상하게 되었다. 먼저 '무작위 런던'에서 가장 인기 있는 글 10개 가운데 5개가 지도에 관한 글이었다. 또, 내 성과물 가운데 지도를 담고 있는 출판물이 일정 수준의 성공을 거둔 사실을 확인했다. 문제는 이미 지도를 다루는 (팔로워가 10만 명이 넘는) 트위터 계정이 여러 개 존재한다는 점이었다. 그래서 아직 마음을 정하지 못했다. 하지만, 이 트위터 계정들은 지도 제작자들을 따로 표기해 주지 않았다. 난 지도 관련 사이트를 만들고 싶은 동시에, 지도 제작자도 알려 주고 싶었다. 나는 내가 계정을 만들면 상당히 돋보일 수 있으며, 원래의 지도 제작자들에게도 그들이 받아 마땅한 자리를 주어야겠다고 확신했다.

네 번째이자 마지막 퍼즐은 레딧에서 맞추어졌다. 특히 레딧의 서브 사이트인 맵포르노 MapPorn(난 이 이름에 동의하지 않는다)였다. 레딧은 세계에서 가장 인기 있는 사이트 20개 가운데 하나지만, 여전히 많은 사람들이 레딧을 잘 모른다. 레딧은 스스로를 '인터넷의 첫 페이지'라고 말하지만, 사실 레딧은 '서브레딧'이라고 불리는 다양한 크기의 게시판이 수만 개 모인 사이트라 할 수 있다. 맵포르노도 그 가운데 하나다. 맵포르노는 레딧에서도 큰 게시판이며 60만 명의 구독자가 있다. 사실 레딧의 운영 방식은 매우 단순하다. 사용자가 글이나 영상, 사진, 또는 링크(출처가 레딧 내부든 외부든)를 올리면, 사람들이 투표를 통해 게시물을 올리거나 내린다. 더 많은 '올려'를 받은 글이 더 많은 구독자를 얻는다. 즉 레딧의 '올려'는 트위터의 '리트윗'이나 페이스북의 '좋아요'와 비슷하다.

'Brilliant Maps'의 초기 구상은 놀라울 정도로 단순했다. 2014년 8월, 트위터 계정(@BrilliantMaps)을 만들었고, 매일 레딧에서 가장 인기 있는 지도의 링크와 출처를 트위터에 올렸다. 처음 이 일을 시작할 때는, 내가 관련 계정 여러 개를 팔로우 하면 그 가운데 몇 사람들이 나를 팔로우하겠지라는 생각 정도였고, 계정 자체를 키울 생각은 없었다. 하지만 세부적인 것에서 말썽이 생겼다.

트위터 계정을 자동으로 팔로우, 언팔로우 해 주는 자동화 프로그램이 있어, 주어진 서브레딧의 모든 글을 트위터를 통해 올리는 것이 가능했는데, 나는 특별히 흥미롭다고 느낀 주제와 지도만 올리고 싶었다. 이 일에 깊이 빠져 하루에 2~3시간씩 맵포르노에 들어가 지도를 찾아 보고 트위터에 올렸다. 신경 써서 지도를 고르고, 전략적인 팔로우를 하다 보니, 운도 함께 따라 주어 내 트위터 계정은 빠르게 성장하기 시작했다. 2014년 9월 즈음에는 팔로워가 3,000명을 넘었고, 연말에는 20,000명에 이르렀다. 빠른 성장세에 기쁘기도 하면서, 신규 구독자들에게 더 가치 있는 정보를 줄 수 있으리라 생각했다. 난 트위터 계정을 블로그로 바꾸기로 결심했다. 블로그라면, 단순히 지도만을 게재하는 게 아니라 지도와 관련된 정보 및 레딧 댓글과 자체적인 조사에 기초한 정보를 같이 올릴 수 있겠다고 생각했다. 이 작업을 하면서 단순히 인기 있는 특정 지도와 주제를 알아보는 일을 넘어 통찰력을 얻기도 했다.

지난 5년의 시간은, 정치와 아무리 관련 없는 사이트(Brilliant Maps 사이트는 세계를 반영하기 때문에 정치와 깊이 연관된 주제를 다룬다)를 운영하는 사람이라도 참으로 흥미로운 기간이었다. 내가 블로그를 시작했을 때만 해도 세상은 그야말로 단순했다. 버락 오바마가 미국 대통령이었고, 브렉시트나 도널드 트럼프를 진지하게 생각하는 사람은 없었다. 지금 우리 세상과는 전혀 다른 시대였다.

사이트에서 가장 인기 있는 10개의 지도 가운데 2개는 2016년 미국 대선과 연결되어 있었고, 3개는 유럽의 국가 정체성과 이민자 문제를 다루었다. 나머지 5개는 역사와 가상의 문제를 다루는 지도였다. 댓글이 가장 많았던 지도들은 국가 정체성이나 정치 문제를 다루었다. 대개 사람들은 이와 같은 주제에 대해 매우 강한 의견을 갖고 있다. 사이트에서 인기 있고 논쟁적인 지도들을 직접 언급하여 보여 주고자 한다.

사이트에서 방문자가 가장 많고 댓글도 많은 지도는 이 책에도 수록되어 있는 〈유럽에서 해당 국가 다음으로 큰 인구 비중을 차지하는 국가〉(https://brilliantmaps.com/2nd-largest-nationality)이다. 대충 보면 사람들이 왜 이 지도를 많이 봤는지 의아할지도 모른다. 국기를 통해 정보를 보여 주고 있기 때문에 그리 보기 좋은 지도도 아니다. 이 지도가 인기 있는 이유로는 몇 가지가 있다. 첫 번째는 아마 그야말로 놀랍기 때문일 것이다. 예컨대, 그 누가 포르투갈에 가장 많이 사는 외국인이 이웃 유럽 국가에 사는 사람들이 아닌 브라질 사람들이라고 생각한단 말인가! 하지만, 또 다른 이유는 아마 누가 그 '외국인'이 되어야 하는지 합의하지 못했기 때문인 듯하다. 때로는 데이터의 출처를 두고 논쟁(이 지도는 국제 연합 사무국 경제사회국의 자료를 활용했다)이 벌어졌고, 때로는 사람들이 생각하는 세계나 국가의 작동 방식과 맞지 않았기에 논쟁이 벌어지기도 했다.

세 번째 이유이자 이 지도가 유명해진 악의적인 이유는, 비무슬림 국가에서 가장 많이 살고 있는 외국인의 출신 국가가 몇몇 무슬림 국가였기 때문이다(예: 독일의 터키인, 프랑스의 모로코인). 이는 무슬림이 유럽을 '정복'하고 있다는 우익의 논리와도 연결되었다. 실제로는 유럽인의 6%만이, 유럽연합 인구의 4%만이 무슬림일 뿐이다. 이 지도가 극우 트위터 및 페이스북 그룹에서 널리 공유되었다는 사실에는 이와 같은 공포가 반영되어 있다(이 일이 그리 기쁘지 않았지만, 딱히 내가 막을 수 있는 일도 아니었다).

사이트에서 인기 있던 2개의 지도는 2016년 미국 대선에 초점이 맞추어져 있었다. 이 지도들은 전혀 다른 이유에서 인기가 있었다. 좀 더 많은 이들이 본 지도는 〈만약 '무투표' 가 2016년 미국 대통령 선거 후보였다면, 이 후보는 압승을 거두었을 것이다〉(https://brilliantmaps.com/did-not-vote)이다. 이 지도는 도널드 트럼프나 힐러리 클린턴에게 투표한 사람들보다 투표를 하지 않은 사람들이 더 많았던 미국의 여러 주를 보여 준다. 전체적으로 보면 트럼프는 16명의 선거인단을 확보했고, 클린턴은 51명, '무투표' 후보는 471명의 선거인단을 확보했다. 이 지도는 트럼프의 예상치 못한 당선에 공포를 느낀 리버럴-좌파 쪽 투표자들에게 인기를 끌었다. 이 지도의 인기가 트럼프의 당선이라는 결과를 이해하려는 하나의 시도를 보여 준다고 생각한다. 이 지도는 트럼프가 그리 특별하게 인기가 더 많지 않았다는 증거로도 사용되었다. 미국인 유권자들은 그저 정치에 무관심했던 것이다. 그러나 이와 같은 지도는 아마 수십 년 전의 대통령 선거에도 그대로 적용될 수 있을 것이다. 사실 오바마의 인기를 증명하는 데에도 이와 유사한 지도가 활용될 수 있다.

두 번째 지도는 좀 지루한 제목이 붙어있는 〈지역과 지지도로 본 2016년 미국 대통령 선거 지도〉(https://brilliantmaps.com/2016-county-election-map)이다. 이 지도가 인기 있는 이유는 명백했다. 사람들은 어떤 지역이 트럼프와 클린턴에게 투표했는지 알고 싶었던 것이다. 하지만 어떤 이들은 클린턴이 만약 전 국민 투표를 했다면 300만 표 차이로 승리했다는 사실을 부인하기 위해 이 지도를 활용했다. 이 지도를 보면 트럼프는 마치 전국적으로 승리한 것처럼 보인다. 그러나 이는 지도가 놀라운 사실을 알려 주지만, 항상 그 맥락을 고려해야 한다는 점도 동시에 알려 준다. 전체적으로 보면 트럼프는 2,600개 지역에서 승리했다. 반면 클린턴은 500개 지역에서만 승리했다. 즉, 트럼프는 84% 지역에서 '지리적'으로 승리했던 것이다. 그러나 클린턴은 미국에서 인구가 많은 100개의 선거구 중 총 88개의 선거구에서 승리했다. 미국이 만약 선거인단 제도가 아니라 전 국민 투표 제도를 채택하고 있었다면 클린턴이 승리했을 것이다.

사회관계망을 통해서 널리 공유되지는 않았지만 다른 의미에서 유명한 지도 2개가 있다. 사람들이 많이 궁금해 하던 주제를 다루었기 때문에 그러했다. 하나는 이 책에도 실려 있는 〈잉글랜드 VS 그레이트브리튼 VS 영국〉이다. 이는 영국과, 그레이트브리튼, 아일랜드와 잉글랜드의 차이를 보여 준다. 매일 500명의 사람들이 사이트를 방문해서 이 차이를 깨닫고자 했다. 다른 하나는 〈만약 나치 독일이 제2차 세계대전에서 이겼다면? 소설과 역사적 시나리오들〉(https://brilliantmaps.com/what-if-nazi-germany-won-world-war-ii)이다. 이 게시물에는 가장 많은 댓글이 달렸고, 이는 제2차 세계대전이 끝난 지 70년이 지난 지금도 나치에 대한 관심이 끊임없이 이어지고 있다는 사실을 보여 준다. 이 게시물을 올린 건 2015년의 일이었는데, 2017년 즈음부터는 홀로코스트 부정론자들이 여기에 댓글을 달기 시작했다. 언론의 자유를 굳게 믿지만, 홀로코스트를 부정하는 의견은 적극적으로 관리하기 시작했다. 왜냐하면 내 웹사이트가 홀로코스트 부정론을 인정한다는 인상을 주기 싫었기 때문이다. 어느 댓글의 수준을 보면서, 모든 댓글 기능을 없앨까도 생각했지만, 그러지는 않았다. 시비 거는 사람과 극단주의자들은 어디에나 있지만, 또 다른 사람들이 통찰력 있는 댓글을 달아 주었기 때문에 결과적으로 균형이 맞추어졌다.

지도는 거짓말을 한다. 새빨간 거짓말을 한다. 바꾸어 말하면 지도는 자주 잘못 읽힐 수 있다. 내가 웹사이트에서 인용하는 대부분의 지도는 단일한 기준에 따라 여러 국가들을 비교한다. 지도를 이해하기 위해서는 일정한 맥락이 필요하다는 뜻이기도 하다. 트럼프가 전국민 투표에서도 이겼다고 확신하는 사람이 있다면, 지역별 선거 결과를 보여 주는 지도는 이와 같은 믿음(설령 가짜뉴스라도)을 강화할 것이다. 유사한 방식으로 유전학을 다루는 지도는 자인종의 우월성을 주장하는 인종주의자들의 관심을 끌 것이 확실하다. 사람들은 자신이 보고 싶은 것을 본다. 이는 나에게 있어 일종의 딜레마다. 이런 지도들을 공유하지 않고, 논쟁을 회피하는 선택지도 있다. 그러나 이미 이런 지도는 생성되고 있었고, 어떻게든 공유되고 있었다. 나는 맥락을 제공하면서 논쟁 구도에 개입하기를 원했다.

결국 논쟁적인 지도를 블로그에 모두 올리기로 했다. 그리고 다른 종류의 지도와 함께 배치하기로 했다. 때로는 재기발랄한 지도를 올렸다. 예를 들어, 차이를 좀 더 가벼운 방식으로 다루는 지도들 말이다. 〈유럽의 더러운 요리와 무서운 요리〉(https://brilliantmaps.com/culinary-horrors-europe), 〈북런던 사람들이 생각하는 영국〉(https://brilliantmaps.com/north-london-uk-stereotype), 〈이탈리아 사람이 본 유럽 요리〉(https://brilliantmaps.com/italian-food) 등이다. 350개의 지도를 올리고 나니, 어떤 지도가 인기를 끌지에 대한 감을 잡았다. 정치적이고 국가 정체성을 담은 지도가 각 국가 국기 색의 평균을 낸 지도보다 더 널리 퍼질 것이 확실했다. 우리는 우리 자신과 세계에 대해 더 많은 것을 알고자 하기 때문이다.

올린 지도들 가운데 가장 좋아하는 지도를 하나만 꼽기란 쉽지 않다. 모든 지도는 흥미로워서 만든 것이기 때문이다. 그럼에도 정말 좋아하는 두 유형의 지도가 있다. 하나는 놀라운 정보를 담고 있으면서도 재미있는 이야기가 있는 지도이다. 이 책에 실은 캐나다와 호주의 인구 관련 지도도 포함된다. 호주와 캐나다를 지도에서 보고 있자면, 이 나라의 면적이 무척 크다는 사실을 확실히 알 수 있다. 캐나다와 호주는 각각 세계에서 두 번째, 여섯 번째로 큰 나라다. 그러나 이 책에 수록된 지도가 보여 주듯이, 대부분의 사람들은 이 큰 나라에서도 아주 일부 지역에 모여 살고 있다. 대부분의 지역에는 사람들이 살지 않거나, 아주 극소수의 사람들만이 살고 있다. 호주의 중앙부나 캐나다의 북부를 방문해 본 사람이라면, 왜 그런지 바로 알 것이다. 비슷한 맥락으로 〈미국 캘리포니아 주보다 경제 규모가 큰 나라〉도 정말 놀라웠다. 만약 캘리포니아 주가 독립한다면, 캘리포니아 주는 세계에서 35번째로 인구가 많은 국가인 동시에, 세계 제5위의 경제대국이 될 것이다.

또 물리적 정보를 담은 2개의 지도도 이 책에 실었다. 이 지도들은 예상치 못한 진실을 담고 있다. 〈칠레는 어마어마하게 길다〉라는 지도는 칠레의 크기에 대한 우리의 생각을 완전히 뒤집는다. 유럽 대륙과 비교해 보면 칠레가 얼마나 긴 나라인지가 명확해진다. 칠레를 품고 있는 남아메리카 대륙이 얼마나 거대한지도 말이다. 〈강이 없는 나라들〉도 자원과 지리를 바라보는 우리의 시각을 전환시켜 준다. 아마 사람들은 아주 작은 몇 개의 나라만이 강이 없다고 생각했겠지만, 실제로 강이 하나도 없는 큰 나라도 있다.

재미있는 이야기를 기준으로, 내가 좋아하는 지도들도 넣었다. 하나는 〈1914년 기준, 런던에서부터 걸리는 시간〉, 〈2016년 기준, 런던에서부터 걸리는 시간〉이다. 등시간선에 기초한 이 지도는 런던에서 세계의 다른 지역으로 가는 데 시간이 얼마나 걸리는지를 보여 준다. 또한, 항공이 다른 지역까지 도달할 수 있는 가능성을 어떻게 변화시켰는가와 우리의 지평을 어떻게 확장했는가를 시각적으로 보여 준다. 지금 우리는 런던에서 36시간 내에 거의 모든 곳으로 갈 수 있는 반면, 100년 전에는 가장 먼 지역까지 가려면 36일이 걸렸다.

두 번째 지도들은 생각을 자극하는 이야기를 담고 있다. 〈북한 대사관이 있는 나라〉와 〈북한에 대사관이 있는 나라〉다. 우리가 예상하기 쉬운 나라(북한의 주요 동맹국인 중국과 러시아)부터 예상치 못한 나라(영국과 스웨덴)까지 망라한다. 이 지도들을 자세히 살펴보면, 북한에 대사관을 둔 나라가 꼭 자국에 북한 대사관을 유치하지는 않았다는 사실을 알 수 있을 것이다.

〈1969년 12월 기준, 전 세계 인터넷 지도〉는 언제나 좋아하는 지도 가운데 하나다. 인터넷이 없었다면 이 책이 존재하지 않았기 때문이다. 인터넷이 어떻게 성장했는지보다도, 인터넷이 얼마나 오랜 시간에 걸쳐 성장해 왔는지가 흥미롭다. 약 20년이 지나서야 웹(사람들이 인터넷에 접속하는 방법)이 처음으로 등장했지만, 이후 20년 동안 아마존, 페이스북, 구글등 인터넷의 거인들이 등장했다. 이는 혁명적인 변화가 시작되기 위해서는 상당한 시간이 걸리지만, 한 번 그 발동이 걸리면 변화는 매우 빠르게 일어난다는 사실을 알려 준다.

웹사이트에서는 좋아하는 지도지만, 책에는 넣지 않은 지도들도 있다. 하나는 〈우리 태양계의 표면적 지도〉(https://brilliantmaps.com/solar-system-surface)이다. 이는 랜들 먼로 Randall Munroe의 XKCD 웹 만화에서 따 왔다. 직관과는 달리 이 지도는 지구의 대륙 크기가 우리 태양계의 고체 표면적의 상당 부분을 차지하고 있다는 점을 보여 준다. 예를 들어, 러시아의 면적은 명왕성의 표면적보다 아주 조금 작을 뿐이고, 금성의 표면적은 화성

보다 3배 이상 크다. 재미있다고 생각한 또 하나의 지도는 〈1994년 유럽연합 가입에 대한 스웨덴과 노르웨이의 지역별 국민 투표 현황〉(https://brilliantmaps.com/sweden-norway-eu-1994)이다. 이 지도가 보여 주는 이야기도 흥미롭고, 나의 아버지 데이비드 라이트 David Wright가 지도와 관련된 설명을 써 주셔서 의미가 있다. 1994년 스웨덴과 노르웨이는 유럽연합에 가입할지 여부를 두고 국민투표를 실시했다. 비슷한 시기에 비슷한 나라에서 국민투표를 실시했는데 완전히 반대되는 결과가 나왔다. 스웨덴은 53대 47로 유럽연합에 가입한다고 결정되었고, 노르웨이는 52대 48로 가입하지 않는다고 결정되었다. 득표의 차이, 투표의 행태는 브렉시트 국민투표와 거의 일치했다. 흥미로운 점은 가입을 거부한 노르웨이의 행보이다. 노르웨이는 국민 양측의 의견을 모두 조율하여 유럽자유무역협정European Free Trade Association에 가입하고 쉥겐 조약(26개의 유럽 국가들이 서로의 국경에서 여권 검사를 폐지한 것)에도 가입했지만, 유럽연합에는 가입하지 않았다. 이후 노르웨이에서 유럽연합에 가입하자는 의견은 계속 줄어들었고, 현재는 노르웨이 사람들의 3분의 2가 유럽연합 가입에 찬성하지 않는다고 한다. 브렉시트에 반대한 48%의 국민의 의사를 완전히 무시하는 테레사 메이의 정책이 어찌 될지를 볼 필요가 있다. 나는 영국이 노르웨이만큼 성공하지 않으리라 본다.

웹사이트에서 가장 좋아하는 지도 가운데 하나는 〈1988년 동베를린에서 발간된 서베를린 지도〉(https://brilliantmaps.com/east-german-west-berlin)이다. 나는 독일역사광이기도 하지만, 특히 이 지도가 재미있다고 생각하는 이유는 서베를린이 있어야 할 자리에 보이는 텅 빈 공백 때문이다. 처음에 이 지도를 보면, 너무나 우스꽝스러운 동시에 지도로서는 무용지물이라고 생각이 들 것이다. 하지만 좀 더 생각하면, 이 지도는 보이는 것만큼 그렇게 무식한 지도는 아니다. 동독의 시민들에게, 서베를린의 지도를 보여 주는 일은 마치 달의 지도를 보여 주는 것과 비슷할 것이기 때문이다. 동독 사람들은 서베를린을 여행할수 없는데, 왜 그곳을 보여 주어야 하는가? 우리가 실제로 보는 지도는 동독 사람들이 여행 가능한 지역을 잘 보여 준다. 유사한 지도로 서베를린을 생략한, 동베를린 지하철과 철도 지도가 있다(물론 이 지도처럼 완전히 하얀 공백은 아니다). 내 생각에 1988년의 지도는 거의 완벽한 지도였다. 우스꽝스럽긴 하지만, 역사적 사실을 반영하는 정확한 지도이기도 하다.

지도에 기반한 웹사이트와 블로그를 시작하는 일은 비교적 쉬웠다. 그보다 더 어려운 일은 꾸준히 하는 것이었고, 진짜 어려운 일은 웹사이트를 책으로 번역하는 것이었다. 2016년 6월 21일(브렉시트 투표가 있기 2일 전), 그란타 출판사의 로라 바버Laura Barber로부터 책을 출간할 계획이 있냐는 이메일을 받았다. 이전에도 여러 출판사들이 문의를 한 적이 있지만, 내가 지도들에 대한 저작권을 갖고 있지 않다고 말하자, 하나같이 다 난색을 표했다. 하지만 로라는 굳건한 믿음으로 기발한 해결책을 내놓았다. 단순히 웹사이트에서 가장 인기 있는 지도들을 모아 내는 것 대신, 일관된 틀로 편집하고 정보를 새로이 더해서, 지도를 다시 그리자는 방안이었다. 그란타 출판사 지도의 원제작자(그들의 대한 소개는 이 책의 끝에 수록되어 있다)와 연락을 했고, 모두가 만족할 만한 결과물이 나왔다. 그란타 출판사가 완전히 새로운 지도를 몇 개 추가했기 때문에, 내 웹사이트의 광팬들도 보지 못한 새로운 지도가 이 책에 수록되어 있다.

나는 그래픽 디자이너가 아니어서, 100개의 지도를 모아 만드는 중요한 작업은 다른 이들이 맡아야만 했다. 우리가 Infographic.ly팀과 일한 이유이기도 하다. 그들은 멋지고, 특색 있는 지도를 만들어 주었다. 그란타 출판사의 카 브래들리Ka Bradley와 시네아드 오캘러헌Sinead O'Callaghan과 제이 브하드리차Jay Bhadricha가 지도 제작을 감독하는 수고를 해 주었다. 이들은 개별 지도의 디자인에 대해서도 유용한 조언을 아끼지 않았다. 그들이 없었다면 이 책은 출간될 수 없었을 것이다. 특히 카는 디자인뿐만 아니라 나를 관리해 주기도 했다. 그에게 감사를 전한다.

마지막으로 한 마디만 더 덧붙인다. 우리는 본래 지도에 있었던 오류를 수정하기 위해 최선을 다 했고, 웹사이트에 올라오는 피드백도 적극 반영하고자 했다. 그러나 여전히 오류가 있을지도 모른다. 책으로 만드는 과정은 일종의 협업이었지만, 모든 지도는 내가 최종적으로 검토했기 때문에 이 책에 있는 오류는 오직 나의 책임이다.

여러분이 이 책으로 인해 진심으로 즐겁길 바라고, 아직 Brilliant Maps.com에 사이트를 방문해 본 적이 없는 독자라면 사이트에 방문하여 더 많은 지도를 발견하기 바란다.

2019년 3월, 런던에서
이안 라이트

똑똑해질 지도?

Brilliant
Maps

사람과 인구

절반 이상의
오스트레일리아 사람들은
이곳에 산다

북아메리카 인구를
유럽 인구에 대입해 본다면

미국 인구 326,204,292명   멕시코 인구 130,558,054명   캐나다 인구 36,912,135명

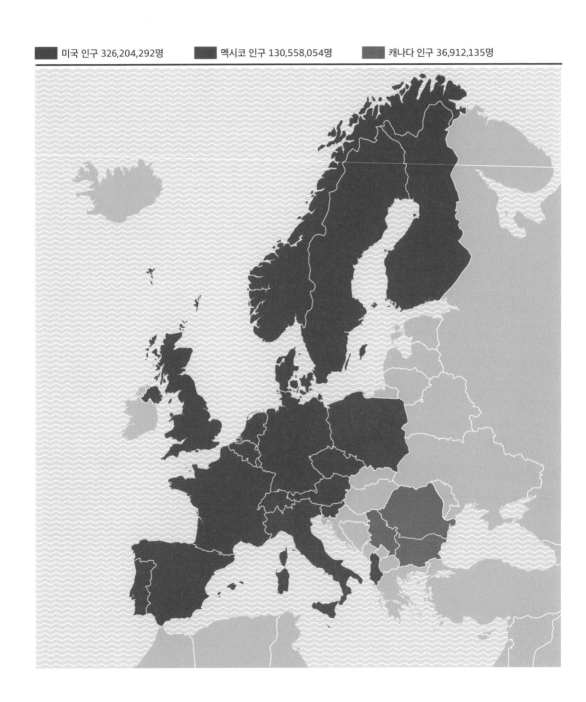

북아메리카 인구를
아프리카 인구에 대입해 본다면

미국 인구 326,204,292명　　멕시코 인구 130,558,054명　　캐나다 인구 36,912,135명

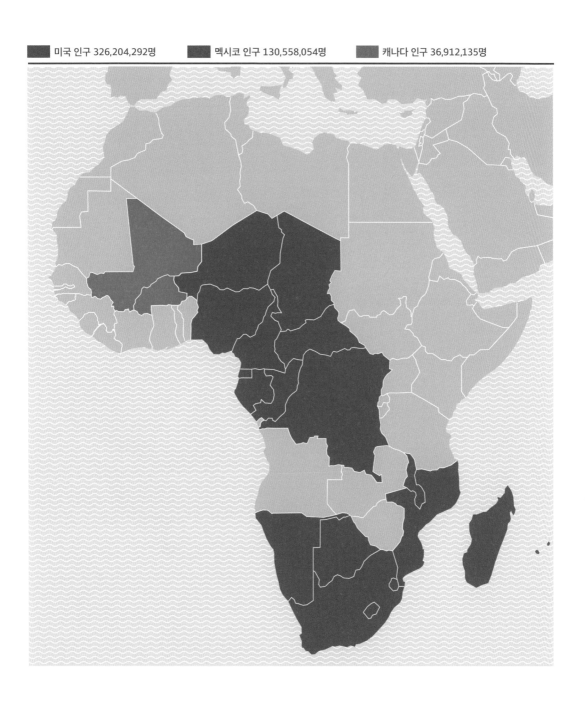

미국과 캐나다 인구를
아랍연맹 인구에 대입해 본다면

아랍연맹은 아랍어를 사용하고 아라비아 반도와 아프리카에 있는
국가들의 지역 조직으로서, 1945년 이집트 카이로에서 결성되었다.

아랍연맹　　　　미국 인구 326,204,292명　　　　캐나다 인구 36,912,135명

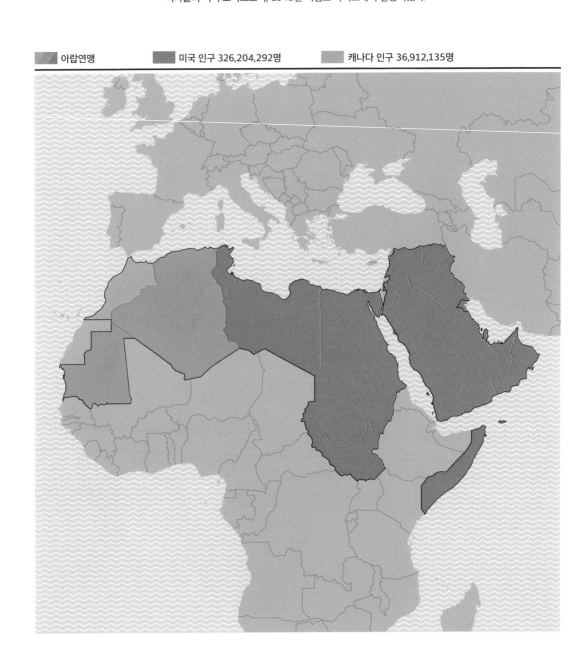

유럽 국가를
인구가 비슷한 아메리카의 지역으로 옮겨 본다면

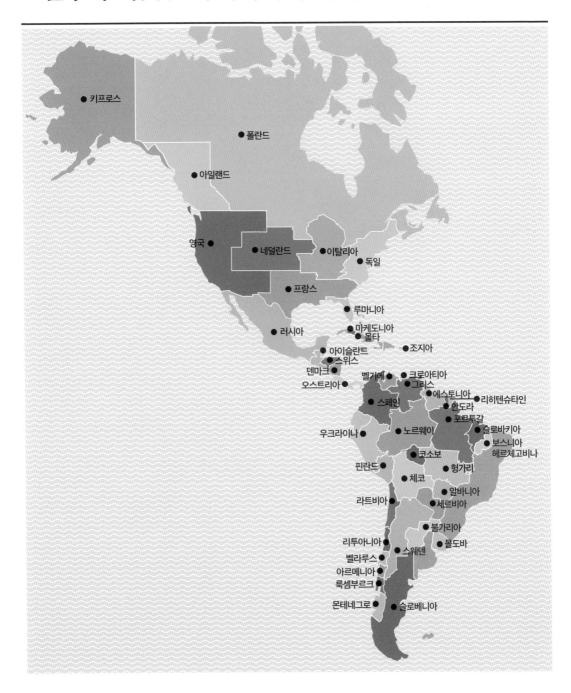

미국의 주*를
인구가 비슷한 유럽의 지역으로 옮겨 본다면

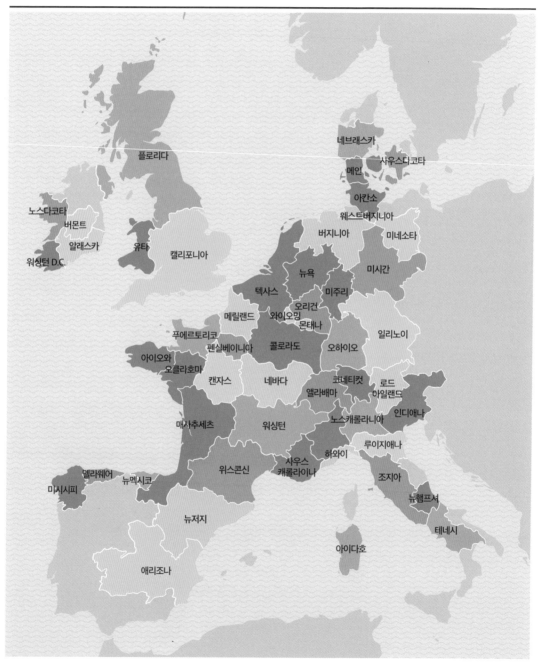

* 워싱턴 D.C 포함.

1970-2015년, 전 세계의 **출산율**이 급격하게 감소하고 있다

여성 한 명이 평균적으로 출산하는 아기의 수

8-9명　7-8명　6-7명　5-6명　4-5명　3-4명　2-3명　1-2명　0-1명　정보 없음

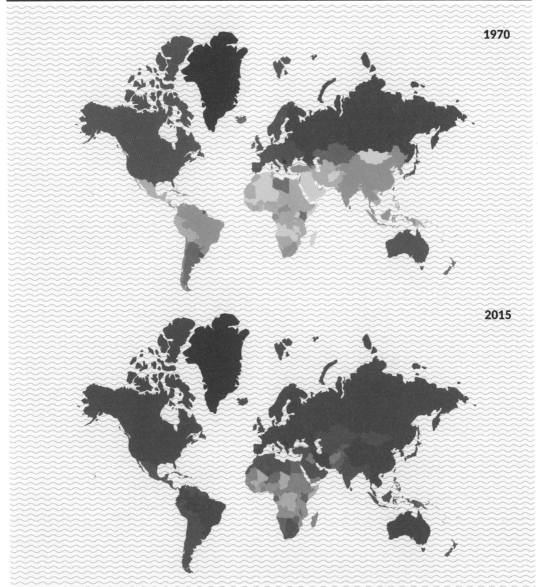

유럽*에서 해당 국가
다음으로 큰 인구 비중을 차지하는 국가

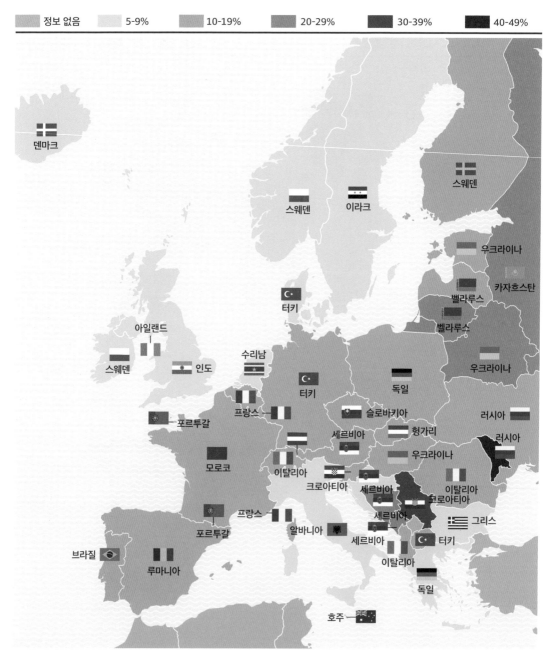

| 정보 없음 | 5-9% | 10-19% | 20-29% | 30-39% | 40-49% |

덴마크

스웨덴   이라크

스웨덴

우크라이나

카자흐스탄

벨라루스

터키

벨라루스

아일랜드

우크라이나

스웨덴   인도

수리남

러시아

터키

독일

러시아

포르투갈

프랑스

슬로바키아

세르비아   헝가리

모로코

우크라이나

이탈리아

이탈리아

크로아티아

크로아티아

세르비아

프랑스

세르비아

그리스

포르투갈

알바니아

세르비아   터키

브라질

이탈리아

루마니아

독일

호주

캐나다인의 절반은
붉은 선 아래에 산다

흔히 미국과 캐나다의 국경을 49도 선으로 생각하지만, 캐나다인 대부분(68% 정도)은 49도 선 아래에 살고 있으며, 특히 캐나다인 과반수가 45.42도 선(붉은 선) 아래에 살고 있다.

캐나다의 제1의 도시 토론토(43.42도)와, 제2의 도시 몬트리올 (45.30도)은 모두 붉은 선 아래에 있다. 캐나다의 수도이자 제4의 도시 오타와(45.25도)도 마찬가지다.

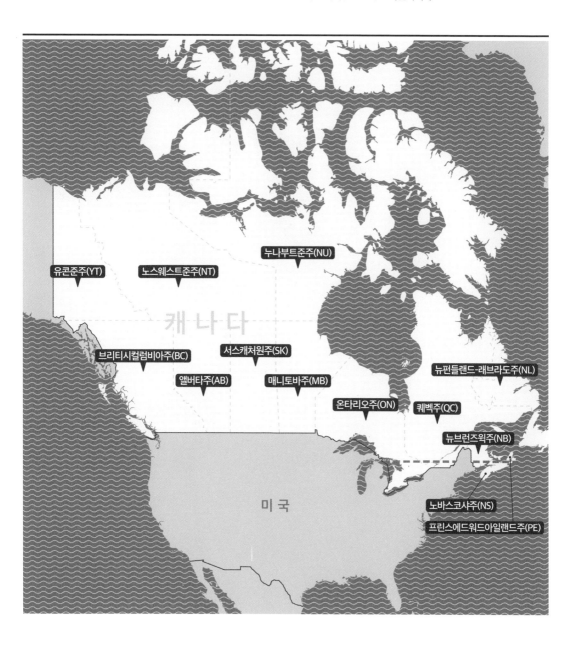

일본의 수도권 인구*보다
적은 인구를 가진 나라 또는 해외 영토

* 약 3,780만 명.

세계의 중위연령*

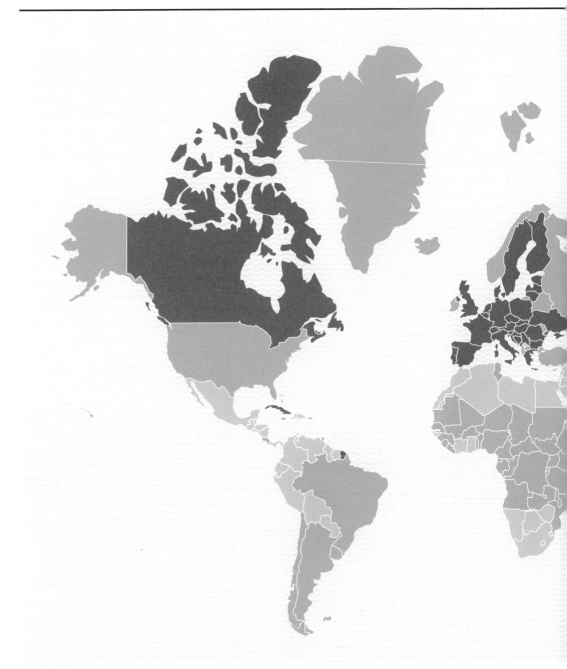

중위연령

● 10대

20대

30대

● 40대

중위연령이 가장 **낮은** 국가

① 니제르   ② 우간다

15.3 세   **15.7** 세

③ 말리   ④ 말라위

16.2 세   **16.5** 세

⑤ 잠비아

16.7 세

중위연령이 가장 **높은** 국가

① 일본   ② 독일

46.9 세   **46.8** 세

③ 이탈리아   ④ 그리스

45.1 세   **44.2** 세

⑤ 슬로베니아

44.1 세

전 세계 여성들의 평균 키

167.6 cm

162.6 cm

157.5 cm

152.4 cm

147.3cm

정보 없음

전 세계 **남성들**의 **평균 키**

182.9 cm

177.8 cm

172.7 cm

167.64 cm

162.6 cm

157.5 cm

정보 없음

이주민이 가장 많은 나라

다른 나라에서 온 이주민의 비율

1% 미만

1-3.9%

4-9.9%

10-19.9%

20-49.9%

50% 이상

해당 없음

유럽에서 태어난 사람들 중
외국에 사는 사람들의 비율

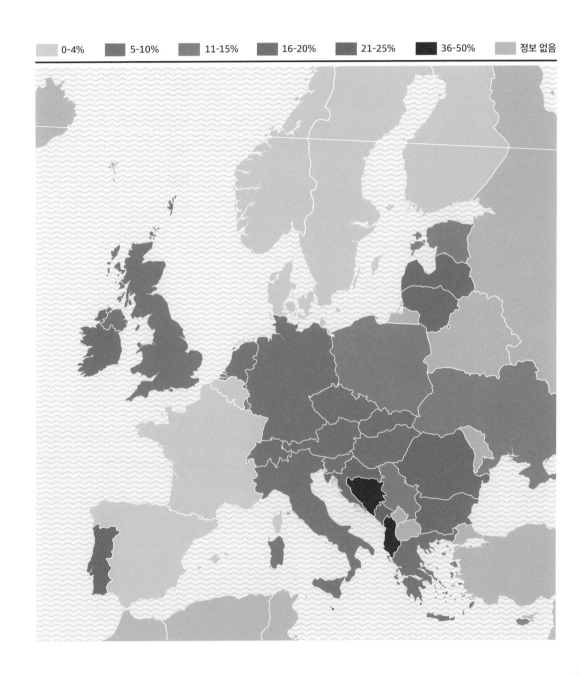

종교와
정치

한눈에 보는
아프리카 종교 지도

 기독교   이슬람교   기타

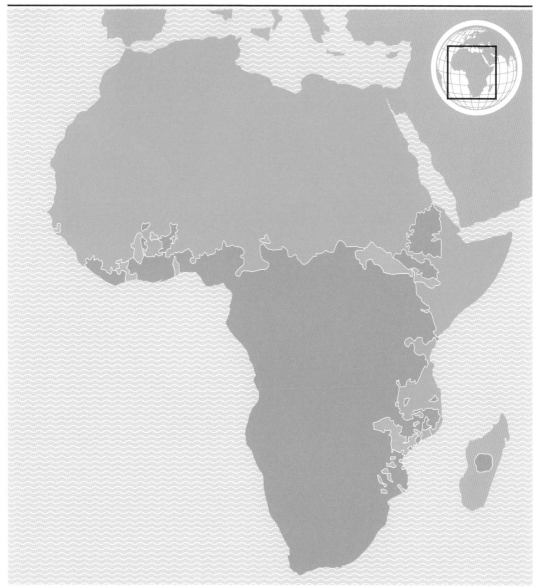

국교가 있는 나라

이스라엘은 '유대인 국가이자 민주주의 국가'로 정의된다. '유대인'은 유대교를 믿는 사람이라는 의미도 있지만
민족적인 의미도 동시에 지니고 있기에, 유대교는 국교로 해석하지 않았다.

 기독교

 이슬람교

 불교

나라별 가장 빠른 성장세를 보이는 종교

 불교

 기독교

 토속 신앙

 힌두교

 유대교

 이슬람교

 기타

 무교(unaffiliated)

종교 지도자들의
출생지

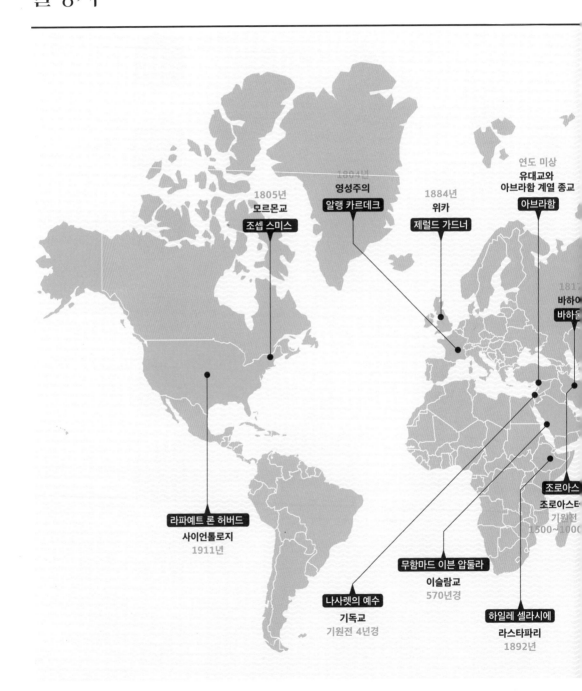

힌두교의 창시자로 추정되는 일곱 명의
현자들(사프타리시Saptarishi)이 태어난
곳은 명확하게 규정되어 있지 않다. 그러나
인도 일부 지역에는 이들 현자가 태어난
칠성각七星閣이 있을 것이라는 믿음이 남아
있다.

기원전
600~400년경
도교
노자

59년
크교
나나크

마하비라
자이나교
기원전
497년경

타마 싯다르타
불교
기원전
3~483년경

공자
유교
기원전
551년

지난 50년간 **여성 지도자가 있었던** 64개 국가

여성 지도자의 집권 기간

정보 없음

0년

1-4년

5-9년

10-14년

15-19년

20-24년

힘

미국 캘리포니아 주보다
경제 규모가 큰 나라

미국의 다른 주들을 제외하고,
이 지도에 표시된 국가만이 명목 GDP
상 캘리포니아 주보다 더 큰 경제 규모를
가진 나라들이다.

나라별 최대 수입국

나라별 가장 큰
부가가치를 가진 **수출품**

 음식/음료

 금속/광물

 귀금속/광물

 목재

 석유

 섬유/의류

 기계/운송

 전자제품

 기타

나라별 1인당 평균
금 보유량

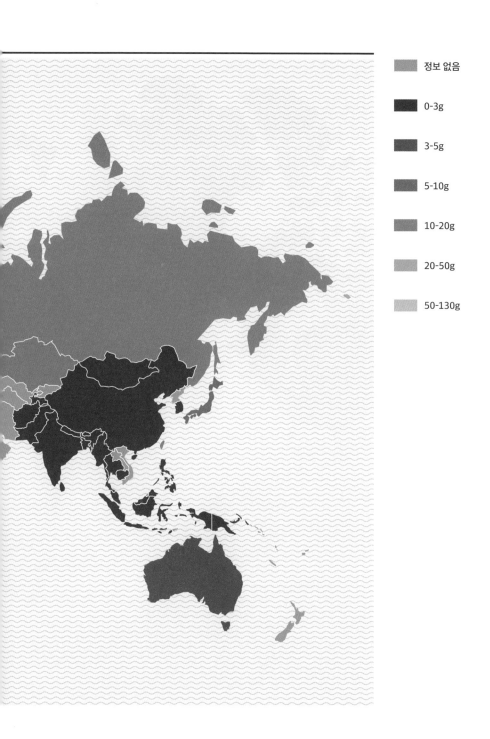

정보 없음

0-3g

3-5g

5-10g

10-20g

20-50g

50-130g

군사비 지출을 기준으로
세계를 나누어 본다면

 북대서양조약기구(NATO)
가입국 - 전 세계 군사비 지출의 54%

그 외 - 전 세계 군사비 지출의 46%

원자력 국가 VS 원자력을 생산하지 않는 국가[*]

* 2018년 기준.

 원자력을 생산하는 국가

 원자력을 생산하지 않는 국가

문화

유럽에서 가장 많이 우승한 축구팀

각 나라 리그에서 가장 많은 우승을 차지한 팀은 어디일까?

5-10회 우승   11-15회 우승   16-20회 우승   21-25회 우승   26-30회 우승   30회 이상 우승

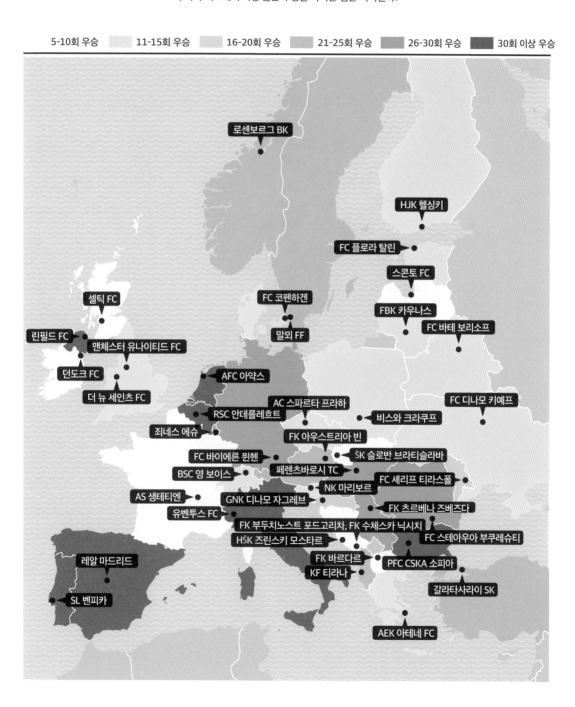

로센보르그 BK

HJK 헬싱키

FC 플로라 탈린

스콘토 FC

셀틱 FC

FC 코펜하겐

FBK 카우나스

린필드 FC

FC 바테 보리소프

맨체스터 유나이티드 FC

말뫼 FF

던도크 FC

더 뉴 세인츠 FC

AFC 아약스

AC 스파르타 프라하

FC 디나모 키예프

RSC 안데를레흐트

비스와 크라쿠프

죄네스 에슈

FK 아우스트리아 빈

FC 바이에른 뮌헨

ŠK 슬로반 브라티슬라바

BSC 영 보이스

페렌츠바로시 TC

FC 셰리프 티라스폴

NK 마리보르

AS 생테티엔

GNK 디나모 자그레브

FK 츠르베나 즈베즈다

유벤투스 FC

FK 부두치노스트 포드고리차, FK 수체스카 닉시치

FC 스테아우아 부쿠레슈티

HŠK 즈린스키 모스타르

레알 마드리드

FK 바르다르

PFC CSKA 소피아

KF 티라나

갈라타사라이 SK

SL 벤피카

AEK 아테네 FC

Football VS Soccer

Footbold

Jalkapallo

Fotbal
Fotboll

Jalgpall

Fótbolti

Ball-coise
Soccer
Sacar
Pêl-droed
Mell-droad
Football
Fútbol
Futebol

1 Fotbols
Futbolas

2
3
4

5

6
7
8
9
10
11
12

Calcio

Soccer

Football

Fútbol

Voetbal

Football

كرة القدم

Football

 እግር ኳስ

Futebol

Futebol

Sokker

Fútbol

Sokker

כדורגל

1. Fodbold
2. Voetbal
3. Fußball
4. Fotbal
5. Piłka nożna
6. Labdarúgás
7. Nogomet
8. Фудбал
9. Fotbal
10. Футбол
11. Futboll
12. Ποδόσφαιρο
13. ფეხბურთი
14. Futbol
15. Ֆուտբոլ
16. ফুটবল
17. ဘောလုံး
18. ฟุตบอล
19. ຫມາກບານ

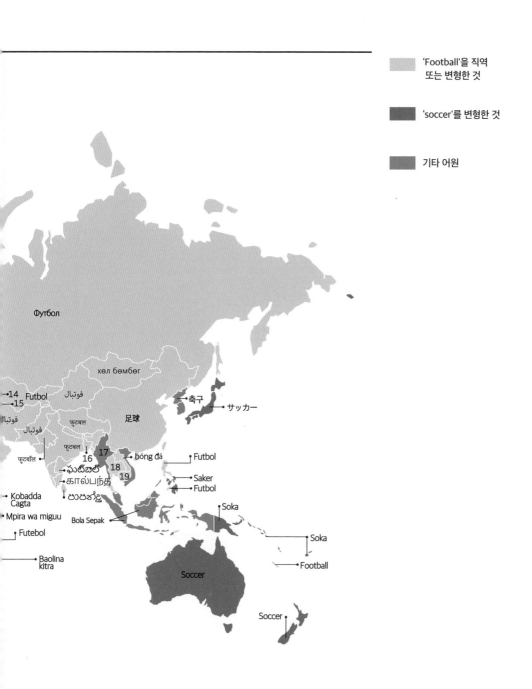

'Football'을 직역
또는 변형한 것

'soccer'를 변형한 것

기타 어원

Футбол

хөл бөмбөг

축구

サッカー

→14 Futbol
→15

فوتبال

足球

فوتبال

فوتبال

फुटबॉल

फुटबल

16

17

bóng đá

Futbol

फुटबॉल

ఫుట్‌బాల్

18

Saker

కాల్‌బంద

19

Futbol

→ Kobadda
Cagta

లాల్పనై

Soka

• Mpira wa miguu

Bola Sepak

Soka

→ Futebol

Soka

→ Baolina
kitra

Football

Soccer

Soccer

Football VS Soccer : 용어별로 정리해 본다면

'football'을 직역 또는 변형한 것

fodbold: 그린란드, 덴마크
fútbol: 스페인, 멕시코, 과테말라, 온두라스, 니카라과, 코스타리카, 파나마, 베네수엘라, 콜롬비아, 에콰도르, 페루, 볼리비아, 칠레, 파라과이, 아르헨티나, 우루과이
futebol: 브라질, 포르투갈, 앙골라, 모잠비크
voetbal: 수리남
football: 쿠바, 프랑스, 말리, 니제르, 차드, 세네갈, 부르키나파소, 나이지리아, 감비아, 카메룬, 기니비사우, 기니, 베냉, 남수단, 가나, 토고, 중앙아프리카공화국, 코트티부아르, 시에라리온, 라이베리아, 누벨깔레도니, 우간다, 탄자니아, 잠비아, 콩고민주공화국, 콩고공화국, 적도기니, 가봉
Fótbolti: 아이슬란드
Ball-coise: 스코틀랜드
voetbal: 네덜란드, 벨기에, 룩셈부르크
fußball: 독일, 스위스, 오스트리아
fotbal: 체코, 슬로바키아, 루마니아
fotball: 노르웨이
fotboll: 스웨덴
futbol: 터키, 아제르바이잔, 필리핀 북부, 필리핀(민다나오) 서부, 우즈베키스탄, 투르크메니스탄, 타지크스탄
futboll: 알바니아
piłka nożna: 폴란드
labdarúgás: 헝가리
фудбал: 세르비아
футбол: 불가리아, 러시아, 카자흐스탄, 우크라이나, 벨라루스
ποδόσφαιρο: 그리스
כדורגל: 이스라엘
ფეხბურთი: 조지아
ֆուտբոլ: 아르메니아
ফুটবল খেলা: 방글라데시
ฟุตบอล: 태국
បាល់ទាត់ : 캄보디아
كرة القدم: 중동 지역, 북아프리카

እግር ኳስ: 에티오피아, 에리트레아
kobadda cagta: 소말리아
mpira wa miguu: 케냐
baolina kitra: 마다가스카르
хөл бөмбөг: 몽골
پۇتبول: 위구르, 이란, 아프가니스탄, 파키스탄
ਫੁਟਬਾਲ: 펀자브 지방
फुटबाल: 인도(힌디어), 티베트 자치구
ఫుట్ బాల్: 텔루구
கால்பந்து : 타밀
පාපන්දු: 스리랑카
ဘောလုံး: 버마
ບານເຕະ: 라오스
足球: 중국
fótbolta: 아이슬란드, 스코틀랜드

▬▬ 'soccer'를 변형한 것
soccer: 미국, 캐나다, 북아일랜드, 오스트레일리아, 뉴질랜드
sokker: 나미비아, 보츠와나, 남아프리카공화국
sacar: 아일랜드
saker: 필리핀(민다나오) 동부
サッカー: 일본
pêl-droed: 웨일스(영국)
mell-droad: 브루타뉴(프랑스)
jalkapallo: 핀란드
soka: 파푸아뉴기니, 바누아투, 피지

▬▬ 기타 어원
nogomet: 크로아티아, 보스니아, 슬로베니아
축구: 대한민국, 북한
bóng đá: 베트남
sepak bola: 인도네시아, 말레이시아, 싱가포르

나라별 헤비메탈 밴드의 수

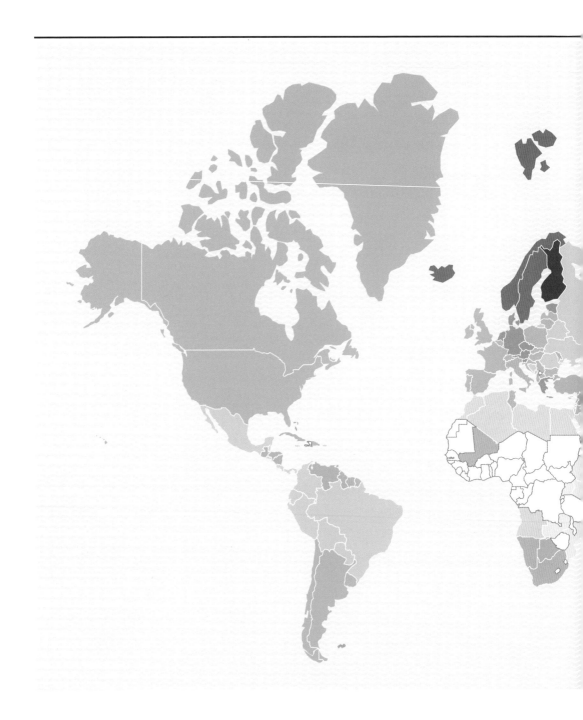

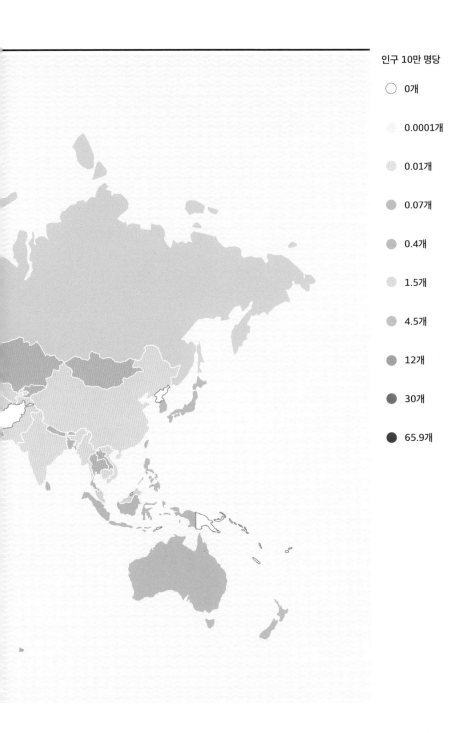

인구 10만 명당

○ 0개

0.0001개

0.01개

0.07개

0.4개

1.5개

4.5개

12개

30개

65.9개

맥도날드가 없는 나라

 맥도날드 없음

 맥도날드 있음

미스 월드 우승자가 가장 많은 나라

우승자 수

6명 인도

5명 베네수엘라

3명 영국

3명 남아프리카공화국

3명 미국

3명 아이슬란드

3명 자메이카

3명 스웨덴

미스 월드는 영국 회사 미스 월드
조직위원회가 주관하는 국제 미인대회로,
1951년에 시작되었으며 가장 오랜 역사를
자랑하는 미인대회이다.

알파벳 20자 이상으로 이루어진 지명

아이슬란드
Svalbarðsstrandarhreppur | 24자
시원한 해안의 자치시

캐나다 퀘벡
Kuchistiniwamiskahikan | 22자
배가 만으로 진입하는 섬

아일랜드
Muckanaghederdauhaulia | 22자
염분이 많은 지역 사이의 양돈장

알래스카
Nunathloogagamiutbingoi | 23자

캐나다
Pekwachnamaykoskwaskwaypinwanik | 31자
야생송어가 낚시바늘로 잡히는 곳

아일랜드
Drehideenglashanatooha | 22자
집단의 잔디밭의 작은 다리

미국
Chargoggagoggmanchauggagoggchaubunagungamaugg | 45자
경계선 사이의 낚시터, 중간 지역은 중립 지대

아일랜드
Bullaunancheathrairaluinn | 25자
네 미녀의 벌런

웨일스
Llanfairpwllgwyngyllgogerychwyrnd-robwllllantysiliogogogoch | 58자
붉은 굴의 성 터실리오 교회와 물살이 빠른 소용돌이가 가까이 있는 흰색 개암나무의 분지의 성 마리아 교회

멕시코
Parangaricutirimicuaro | 22자
발음하기 힘든 단어로서, 한국어의 '간장공장 공장장은 강 공장장이고 된장공장 공장장은 공 공장장이다'와 유사하다.

수리남
Onafhankelijkheidsplein | 23자
독립광장

바스크
Azpilicuetagaraycosaroyarenberecolarrea | 39자
아스필리쿠에타 마을의 높은 울타리가 쳐진 낮은 들

노르웨이
● Kvernbergsundsødegården | 23자
방앗간 산 해협의 버려진 농장

핀란드
● Äteritsiputeritsipuolilautatsijänkä | 35자

● Saaranpaskantamasaari | 21자
사라가 똥을 싼 섬

독일
● Schmedeswurtherwesterdeich | 26자
스미스네 언덕마을의 서쪽 둑

러시아
● Nizhnenovokutlumbetyevo | 23자
쿠틀룸베트에서 이름 따온 아래쪽 새마을

● Verkhnenovokutlumbetyevo | 24자
쿠틀룸베트에서 이름 따온 위쪽 새마을

네덜란드
● Gasselterboerveenschemond | 25자
하셀테르가의 농부의 습지 삼각주

● 러시아
Staronizhestebliyevskaya | 24자
스타로니제스테블리예브스카야
니즈네-스테블리예브키쿠스키 쿠린에서 이름따온 오랜 마을

● 독일
Gschlachtenbretzingen | 21자
비옥한 브릿징겐

일본
● Yamagawaokachiyogamizu | 22자
산과 강 지역의 언덕에 있는 아이들의 물

● Yamagawahamachiyogamizu | 23자
산과 강 지역의 해변에 있는 아이들의 물

인도
● Venkatanarasimharajuvaripeta | 28자
벤카타나라심하라주의 도시

남아프리카공화국
● Bovenendvankeelafsnysleegte | 27자
목자르기골의 북쪽 끝

호주
● Mamungkukumpurangkuntjunya | 26자
악마가 오줌을 싸는 곳

● Tweebuffelsmeteenskootmorsdoodgeskietfontein | 43자
두 들소가 총을 맞고 마침내 한 발 맞아 죽은 폭포

뉴질랜드
Taumatawhakatangihangakoauauotamateaturipukakapik-
imaungahoronukupokaiwhenuakitanatahu | 85자
타마테아라는 큰 무릎을 지닌 산악가가 여행을 하다가
사랑하는 사람을 위해 피리를 불었던 산의 정상
세계에서 가장 긴 지명으로 기네스북에 기록되었다.

독일에서 가장 인기 있는 콜라 브랜드

이 지도는 독일의 각 주(州)에서 가장 인기 있는 콜라 상표를
보여 준다. 당연히 코카콜라가 독일 전역에서 가장 유명하지만,
흥미롭게도 딱 한 주에서만 그렇지 않다. 바로, 이전에 동독에
소속되어 있던 210만 명이 살고 있는 튀링겐 주다.

튀링겐 주는 코카콜라보다 비타콜라를 더 좋아하는 유일한 주이다.
비타콜라를 아는가? 비타콜라는 독일민주주의공화국(동독)의
국민적 인기를 누리던 콜라 브랜드이다.

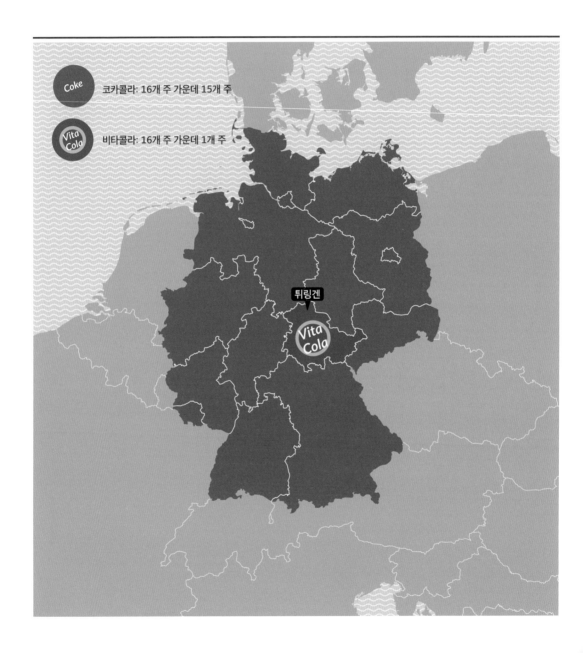

Coke | 코카콜라: 16개 주 가운데 15개 주

Vita Cola | 비타콜라: 16개 주 가운데 1개 주

튀링겐

Vita Cola

관습

유럽*이
'산타'를 부르는 법

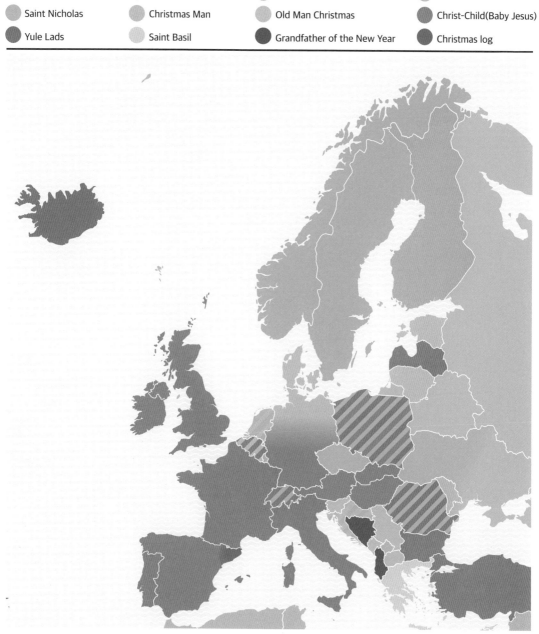

- Father Christmas
- Saint Nicholas
- Yule Lads
- Christmas gnome
- Christmas Man
- Saint Basil
- Christmas goat
- Old Man Christmas
- Grandfather of the New Year
- Old Man Frost
- Christ-Child(Baby Jesus)
- Christmas log

＊러시아 포함.

이성 간 성관계 동의 연령*

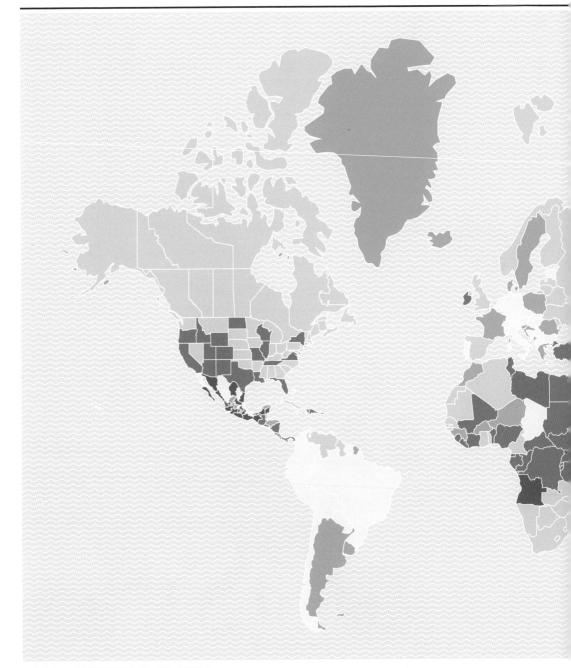

* 합법적으로 성관계를 동의할 수 있는 연령 - 옮긴이 주.

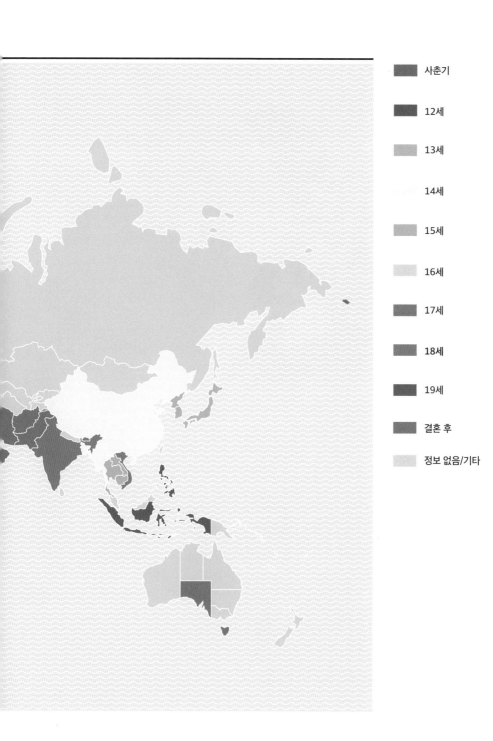

사춘기

12세

13세

14세

15세

16세

17세

18세

19세

결혼 후

정보 없음/기타

소수점 VS 콤마
VS 다른 소수점 구분 기호

소수점으로 표기

0.005

콤마로 표기

0,005

소수점과 콤마 **모두** 인정,
또는 아포스트로피로 표기

0.005
0,005
0ʼ005

모마예즈(이란식 콤마)로 표기

0٫005

정보 없음

나라별 날짜 표기법

YMD 연/월/일

DMY 일/월/연

MDY 월/일/연

포경수술을 하는 남성의 비율 :
미국과 중동의 공통점

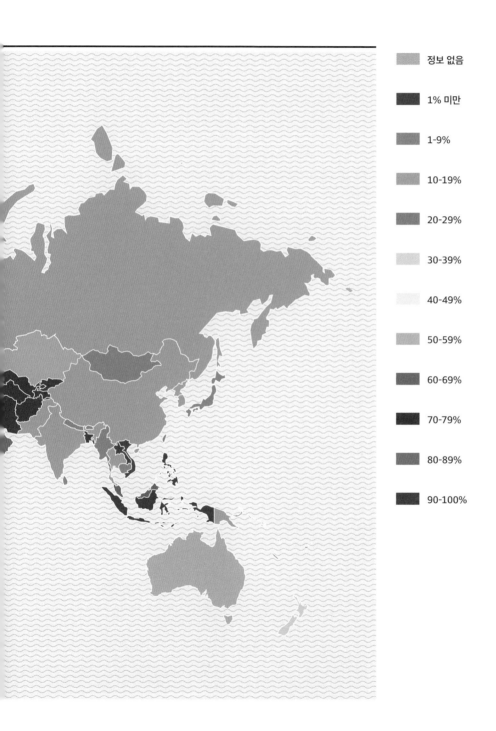

정보 없음

1% 미만

1-9%

10-19%

20-29%

30-39%

40-49%

50-59%

60-69%

70-79%

80-89%

90-100%

21세기의
게일어 사용 인구 분포

웨일스어 : 562,016명 - 웨일스 인구의 19%
아일랜드어(아일랜드 게일어) : 아래의 아일랜드 지도 참조
스코틀랜드 게일어 : 57,375명 - 스코틀랜드 인구의 1%

맨어 : 1975년 소멸 - 학술 연구로 부활하여 1,527명 사용
　　　 - 맨섬 인구의 2%
콘월어 : 1800년 소멸 - 학술 연구로 부활하여 557명 사용
　　　 - 콘월 인구의 1% 미만

게일어를 사용하는 인구의 비율

65%　60%　55%　50%　45%　40%　35%　30%　25%　20%　15%　10%　5%

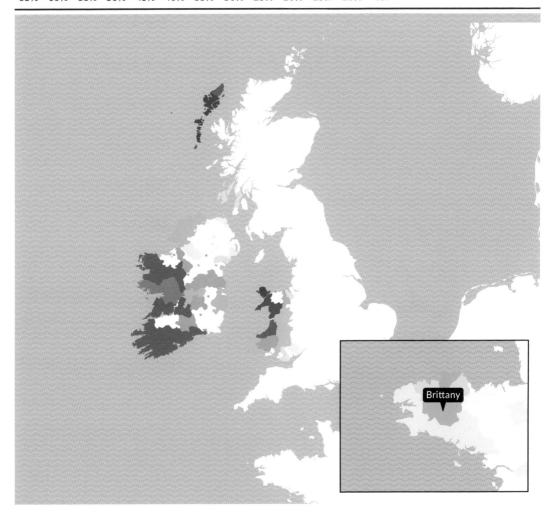

21세기의 게일어 사용 인구 분포
(아일랜드와 북아일랜드)

아일랜드어 (아일랜드 게일어) : 1,761,420명(2016년 인구 조사 기준) - 아일랜드 인구의 39.8%

(참고: 아일랜드공화국의 공식 언어는 아일랜드어지만 아일랜드어는 영어에 이은 제2의 언어이다. 73,803명이 공교육 이외에도 아일랜드어를 일상적으로 사용한다고 답했다. 아일랜드 인구의 4명 중 1명(421,274명)은 아일랜드어를 전혀 사용하지 않는다고 답했으며, 아일랜드 인구의 0.2%(4,130명)만이 아일랜드어를 가정에서도 사용한다고 답했다. 2011년 영국 인구 조사에 따르면, 북아일랜드 인구의 10.65%(184,898명)만이 아일랜드어를 일부 알고 있으며, 그 중 6.05%(104,943명)는 아일랜드어를 어느 정도 말할 수 있다고 답했다.)

게일어를 말하는 인구의 비율

| 65% | 60% | 55% | 50% | 45% | 40% | 35% | 30% | 25% | 20% | 15% | 10% | 5% |

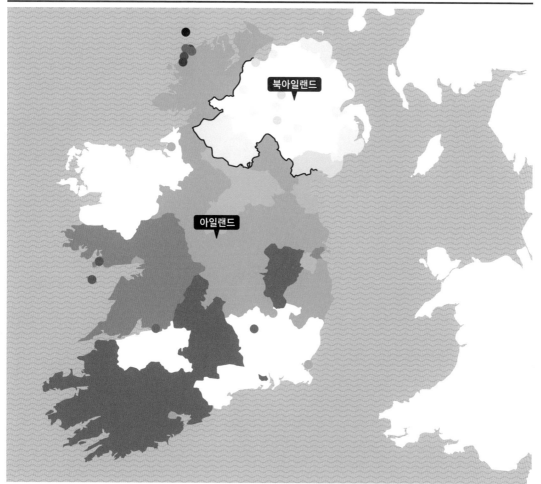

세계 제일의 속도광은 누구?
세계의 **최고 속도 제한**

속도 제한

70 km/h	45 mi/h	혹은 그 미만
80 km/h	50 mi/h	
90 km/h	55 mi/h	
100 km/h	60 mi/h	
105 km/h	65 mi/h	
110 km/h	70 mi/h	
120 km/h	75 mi/h	
130 km/h	80 mi/h	
140 km/h	85 mi/h	

제한 없음

정보 없음

누구의 운전 방향이 잘못된 것인가?

중앙선의 오른쪽으로 운전

중앙선의 왼쪽으로 운전

세계의 플러그 지도

타입

타입

타입

타입

타입

타입

타입

타입

타입

타입

타입

타입

타입

타입

선거는 무슨 요일에?

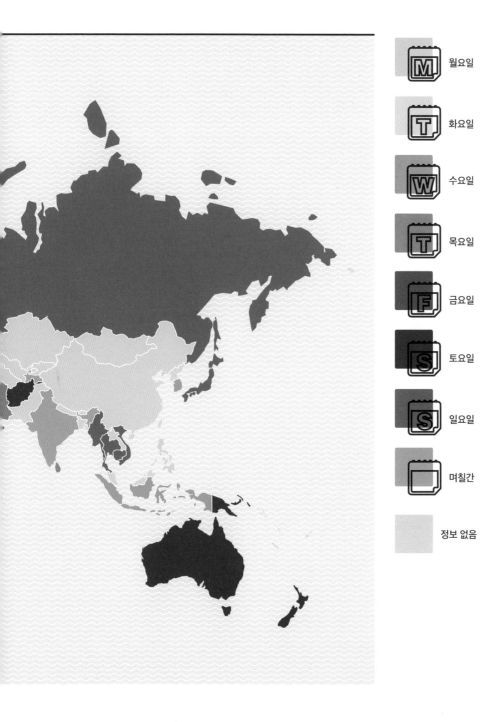

M 월요일

T 화요일

W 수요일

T 목요일

F 금요일

S 토요일

S 일요일

며칠간

정보 없음

적과 친구

폴란드를 침공한 적이 있는 유럽 국가[*]

이 지도는 현재 우리가 알고 있는 폴란드 지역을 침공한 나라들을 보여 준다.

 폴란드

 침공한 나라

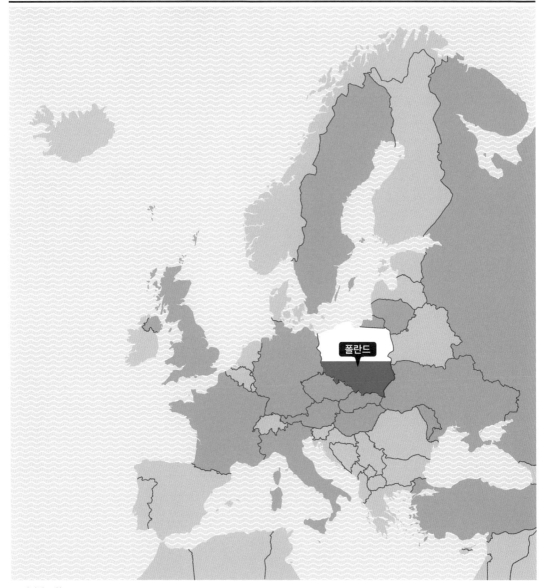

폴란드

* 러시아 포함.

영국의 침공을 받지 않은 22개 국가

회색으로 표시된 지역은 지금의 영국(그리고 그 이전의 국가)과 역사적으로 전쟁을 벌인 국가들이다.

영국에게 공격 혹은 점령
당한 적이 없는 지역

영국

● 몽골
● 우즈베키스탄
● 키르기스스탄
● 타지키스탄

● 마셜 제도

팔레스타인을 공식 승인한 나라

팔레스타인을 국가로
공식 승인한 나라

이스라엘을 공식 승인한 나라

이스라엘

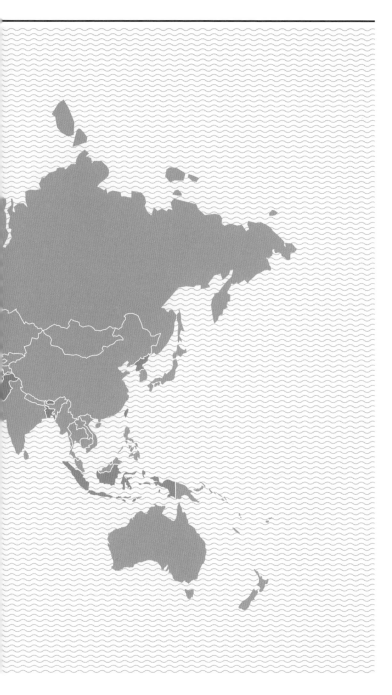

이스라엘과 외교 관계를
맺고 있는 나라

과거에는 이스라엘과 외교 관계를
맺었으나 지금은 단절한 나라

이스라엘과 외교 관계는 없으나
과거에 무역 관계를 유지한 나라

이스라엘과 외교 관계 없음

영문판 위키디피아에서 각 나라를 검색했을 때
가장 많이 되풀이 되는 단어*

1. 그린란드: 덴마크(Denmark)
2. 캐나다: 퀘벡(Quebec)
3. 미국: 전쟁(War)
4. 멕시코: 토착민(Indigenous)
5. 바하마: 섬(Island)
6. 쿠바: 미국(States)
7. 벨리즈: 영국(British)
8. 과테말라: 과테말라시티(City)
9. 온두라스: 민족(National)
10. 도미니카 공화국: 산토도밍고(Santo Domingo)
11. 코스타리카: 중앙(Central)
12. 파나마: 운하(Canal)
13. 트리니다드토바고: 섬(Island)
14. 베네수엘라: 석유(Oil)
15. 콜롬비아: 주(Department)
16. 가이아나: 세계(World)
17. 수리남: 네덜란드(Dutch)
18. 에콰도르: 페루(Peru)
19. 페루: 스페인(Spanish)
20. 볼리비아: 라파스(La Paz)
21. 브라질: 포르투갈(Portuguese)
22. 파라과이: 인구(Population)
23. 칠레: 남쪽(South)
24. 우루과이: 몬테비데오(Montevideo)
25. 아르헨티나: 부에노스아이레스(Buenos Aires)
26. 아이슬란드: 레이캬비크(Reykjavik)
27, 28, 29. 노르웨이, 스웨덴, 핀란드: 세계(World)
30. 체코: 프라하(Prague)
31. 영국: 아일랜드(Ireland)
32. 아일랜드: 국가(State)
33. 독일: 세계(World)
34. 에스토니아: 소련(Soviet)
35, 36. 라트비아, 리투아니아: 발트해(Baltic)
37. 벨라루스: 소련(Soviet)
38. 네덜란드: 세기(Century)
39. 스위스: 연방(Federal)
40. 폴란드: 유럽(European)
41. 오스트리아: 독일(German)
42. 슬로바키아: 브라티슬라바(Bratislava)
43. 우크라이나: 소련(Soviet)
44, 45. 프랑스, 루마니아: 세계(World)
46. 몰도바: 소련(Soviet)
47. 보스니아헤르체고비나: 사라예보(Sarajevo)
48. 스페인: 전쟁(War)
49. 포르투갈: 리스본(Lisbon)
50. 이탈리아: 세계(World)
51. 모로코: 사하라(Sahara)
52. 그리스: 아테네(Athens)
53. 튀니지: 프랑스(French)
54. 터키: 오스만 제국(Ottoman)
55. 시리아: 아랍(Arab)
56. 요르단: 세계(World)
57. 리비아: 가다피(Gaddafi)
58. 알제리: 주(Province)
59. 서사하라: 모로코(Maroc)
60. 모리타니: 모크타르 울드 다다(Ould)
61. 말리: 인구(Population)
62. 니제르: 군사(Military)
63. 차드: 대통령(President)
64. 이집트: 세계(World)
65. 사우디아라비아: 왕(King)
66. 이라크: 군대(Forces)
67. 아랍에미리트: 두바이(Dubai)
68. 오만: 술탄(Sultan)
69. 예멘: 사나(Sanaa)
70. 에리트레아: 에티오피아(Ethiopia)
71. 수단: 남수단(South)
72. 나이지리아: 아프리카(Africa)
73. 세네갈: 대통령(President)
74. 기니비사우: 강(River)
75. 기니: 광산(Mining)
76, 77, 78. 코트디부아르, 가나, 카메룬: 프랑스(French)
79. 중앙아프리카 공화국: 대통령(President)
80. 남수단: 남수단(Southern)
81. 에티오피아: 인구(Population)
82. 소말리아: 연방(Federal)
83. 케냐: 해(Year)
84. 우간다: 민족(National)
85. 가봉: 대통령(President)
86. 콩고: 공화국(Republic)
87. 자이르: 국민(National)
88. 앙골라: 포르투갈(Portuguese)
89. 잠비아: 로디지아(Rhodesia)
90. 말라위: 대통령(President)
91. 탄자니아: 잔지바르(Zanzibar)
92. 마다가스카르: 섬(Island)
93. 짐바브웨: 쇼나(Shona)
94, 95. 보츠와나, 나미비아: 아프리카(Africa)
96. 남아프리카공화국: 케이프타운(Cape)
97. 레소토: 남아프리카 공화국(South)
98. 모잠비크: 포르투갈(Portuguese)
99. 조지아: 러시아(Russian)
100. 카자흐스탄: 소련(Soviet)
101. 아제르바이잔: 바쿠(Baku)
102. 우즈베키스탄: 소련(Soviet)
103. 키르기스스탄: 소련(Soviet)
104. 투르크메니스탄: 사파르무라트 니야조프(Niyazov)
105. 타지키스탄: 소련(Soviet)
106. 아프가니스탄: 카불(Kabul)
107. 이란: 페르시아(Persian)
108. 파키스탄: 세계(World)
109. 중국: 왕조(Dynasty)
110. 몽골: 인구(Population)
111. 러시아: 소련(Soviet)
112. 조선민주주의인민공화국: 남한(South)
113. 대한민국: 북한(North)
114. 일본: 세계(World)
115. 네팔: 인도(India)
116. 부탄: 인도(India)
117. 방글라데시: 벵갈(Bengal)
118. 인도: 남쪽(South)
119. 미얀마: 군부(Military)
120. 베트남: 프랑스(French)
121. 태국: 방콕(Bangkok)
122. 라오스: 몽족(Hmong)
123. 캄보디아: 크메르(Khmer)
124. 스리랑카: 타밀(Tamil)
125. 말레이시아: 국가(State)
126. 필리핀: 지역(Region)
127. 인도네시아: 자바섬(Java)
128. 동티모르: 포르투갈(Portuguese)
129. 파푸아뉴기니: 국민(National)
130. 솔로몬 제도: 과달카날(Guadalcanal)
131. 호주: 뉴질랜드(New)
132. 뉴질랜드: 섬(Island)

111 소련
100
102
110
104 103
105 112 114
113
106
15 116 109
117 119 108
18 120
121 122
123 126
24
125
127 129
128 130
92 131
뉴질랜드
132

세계의 개방 국경

CA-4 국경 관리 협정

남아메리카 국가연합

솅겐 지역

트랜스태즈먼 협정

인도-네팔 평화우호 조약

걸프 협력 위원회

공동 여행 지대

유라시아 경제 공동체

미국과 상호방위조약을 맺은 나라

북대서양조약기구(NATO)

미주기구(OAS)

앤저스(ANZUS)

양자 조약

북한 대사관이 있는 나라

북한 대사관이 있는 나라

북한

북한에 대사관이 있는 나라

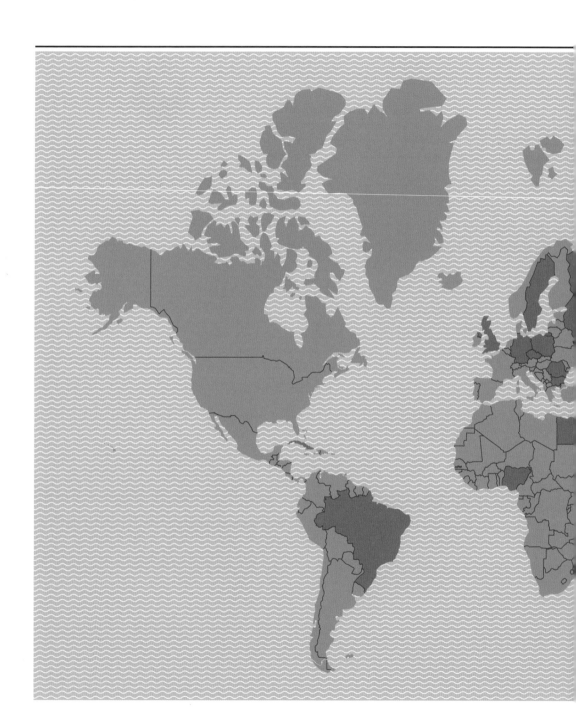

북한과 외교 관계를
맺고 있는 나라

미국이 생각하는 동맹국, 우방국
그리고 적대국

 동맹국

 우방국

 비우호국

 적대국

확실하지 않음

 미국

 정보 없음

바이킹*이 침략하거나 정착했던 나라

* 현대의 국경에 기초함.

노르웨이 바이킹이
침략했던 곳

노르웨이 바이킹이 침략하고
정착했던 곳

덴마크 바이킹이 침략하고
정착했던 곳

스웨덴 바이킹이 침략하고
정착했던 곳

공산주의였거나 공산주의인 나라[*]

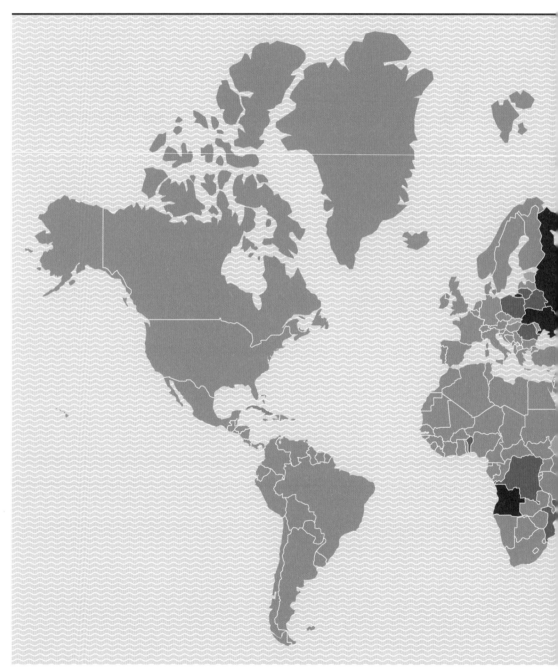

대통령제 혹은 준대통령제 입헌 공화국

대통령제 혹은 준대통령제 공화국

의회제 입헌 공화국

의회제 공화국

입헌 군주국

이슬람 공화국

임시정부

공산주의 국가

지리

칠레는 어마어마하게 길다

칠레가 긴 나라라는 사실은 모두가 잘 알고 있지만, 얼마나 긴지 아는 사람은 별로 없을 것이라 확신한다.
칠레의 북쪽 끝부터 남쪽 끝까지 길이는 4,270km이다. 반면, 동쪽 끝부터 서쪽 끝을 재 보면 가장 긴 지역이
350km에 불과하고, 평균은 177km밖에 되지 않는다.

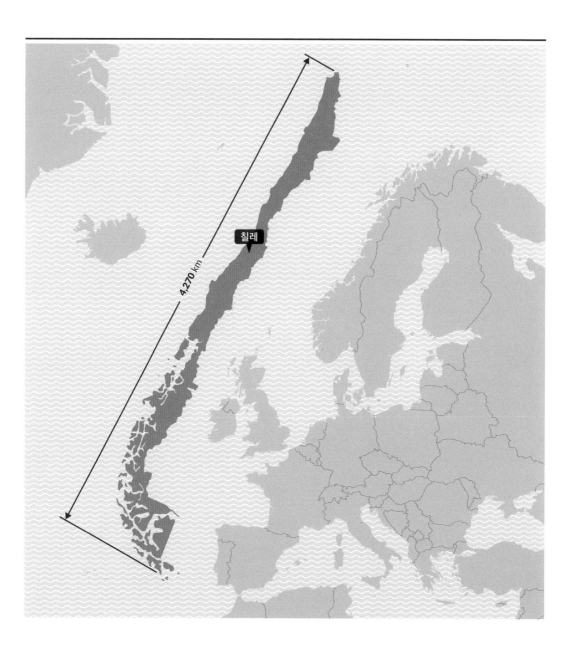

세계의 정확한 시간대

오후 11시	자정	오전 1시	오전 2시	오전 3시	오전 4시	오전 5시	오전 6시	오전 7시	오전 8시	오전 9시	오전 10시	오전 11시	정
+11	+12	-12	-11	-10	-9	-8	-7	-6	-5	-4	-3	-2	-1

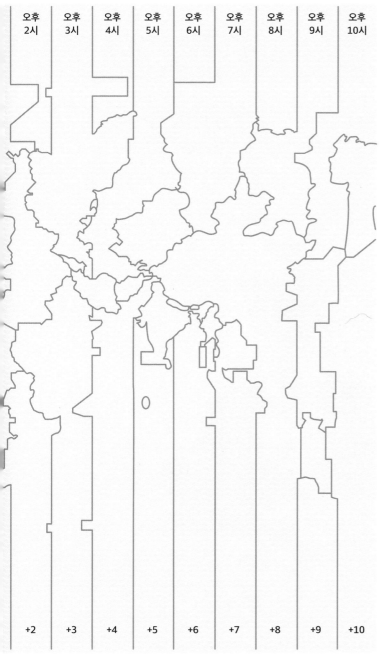

오후 2시	오후 3시	오후 4시	오후 5시	오후 6시	오후 7시	오후 8시	오후 9시	오후 10시
+2	+3	+4	+5	+6	+7	+8	+9	+10

몇몇 국가들은 시간대 지도에서 매우 분명한 경계선을 지니고 있는데, 이는 아래와 같다.

· 중국은 전국이 공식적으로 단 하나의 시간대를 갖는다 (UTC+8:00).

· 아르헨티나는 UTC-3:00이나 사용하는데(원래는 UTC-4:00이나 UTC-5:00을 사용하는 것이 맞다), 이로써 낮 시간을 벌 수 있다.

· 아이슬란드는 그리니치 서쪽에 위치하지만, GMT와 같은 시간대를 사용한다.

· 캐나다령 뉴펀들랜드는 UTC-3:30 을 사용한다.

· 인도와 스리랑카는 인도 표준시간 UTC+5:30을 사용한다.

· 이란은 이란 표준시간 UTC+3:30 을 사용한다.

· 네팔은 네팔 표준시간 UTC+5:45 을 사용한다. 이는 UTC가 오후 12시일 때 네팔은 오후 5시 45분 임을 뜻한다.

잉글랜드England VS 그레이트브리튼Great Britain VS 영국United Kingdom

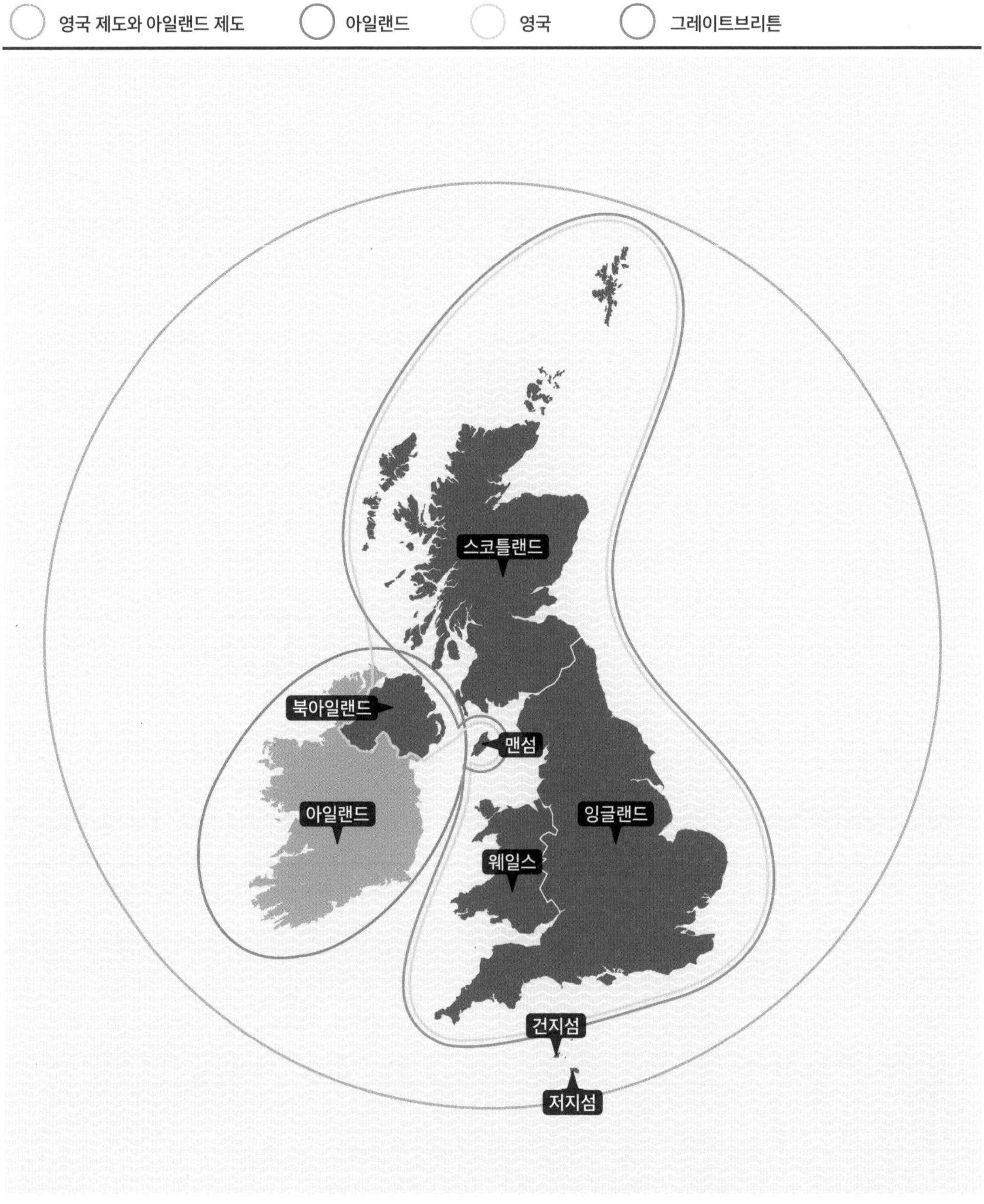

○ 영국 제도와 아일랜드 제도　　○ 아일랜드　　○ 영국　　○ 그레이트브리튼

스코틀랜드

북아일랜드

맨섬

아일랜드

잉글랜드

웨일스

건지섬

저지섬

룩셈부르크는 결코
작은 나라가 아니다

룩셈부르크는 면적 2,586.4km², 인구 576,249명으로, 세계에서 가장 작은 나라들 가운데 하나이다.
면적으로는 168위, 인구로는 164위를 차지하고 있다.

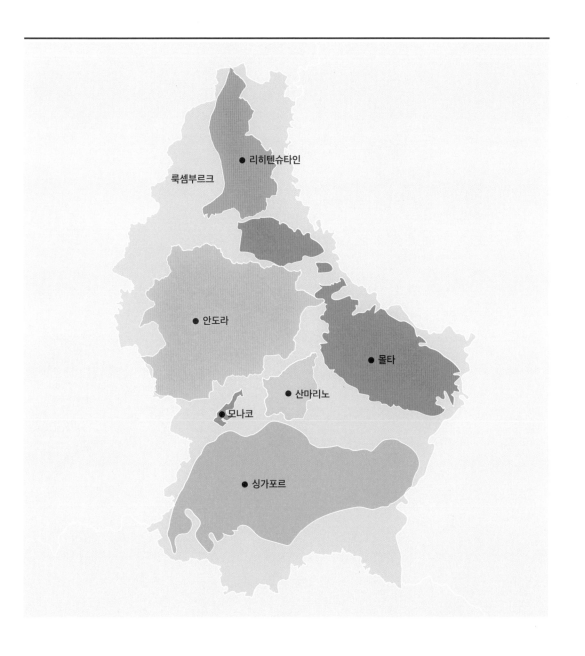

원 바깥보다 원 안에 더 많은 사람들이 살고 있다

게다가 원 안에는…

세계에서 가장 높은
산이 있고 (에베레스트)

세계에서 가장 깊은
곳이 있고 (마리아나 해구)

더 많은 무슬림이 있고

더 많은 힌두교인이 있고

더 많은 불교인이 있고

더 많은 공산주의자가 있고

세계에서 인구밀도가 가장
낮은 지역(몽골: 2명/km²)
이 있다

모든 길은 **로마**로 통한다

세계의 가장 큰 섬 20개 비교

이 섬들에 대한 추가적인 정보는 다음과 같다.
- 캐나다는 이 20개의 섬들 가운데 4개를 보유하고 있고, 인도네시아는 5개를 확보하고 있다.
- 인구가 가장 적은 섬은 캐나다의 엘즈미어섬으로, 고작 191명만이 살고 있다.
- 인구가 가장 많은 섬은 인도네시아의 자바섬으로, 1억 4,500만 명이 살고 있다.

- 20개의 섬들 가운데 미국령 섬은 하나도 없지만, 미국 하와이 주에 있는 하와이는 세계에서 76번째로 큰 섬이다.
- 20개의 섬들 가운데 3개는 여러 나라가 공유하고 있다. 뉴기니, 보르네오, 그리고 아일랜드이다.
- 그린란드보다 3배 이상 큰 오스트레일리아는 섬보다는 대륙으로 분류된다.

1,000 km

그린란드   뉴기니   보르네오   마다가스카르섬

배핀섬   수마트라섬   혼슈   빅토리아섬

그레이트브리튼   엘즈미어섬   술라웨시섬   뉴질랜드 남섬   자바섬   뉴질랜드 북섬

루손섬   뉴펀들랜드   쿠바섬   아이슬란드   민다나오섬   아일랜드섬

태평양은 지구상의 모든 대륙을 합친 것보다 넓다

믿기 힘들겠지만, 태평양은
전 세계의 모든 대륙과 섬을 합친 것보다
넓다.

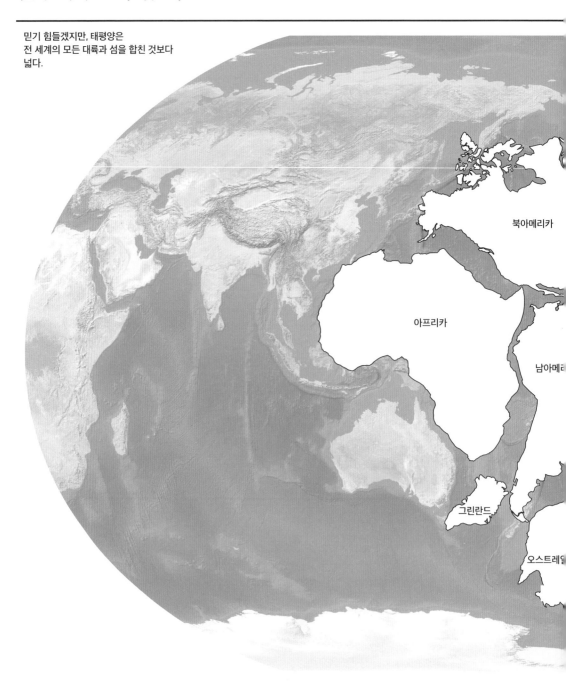

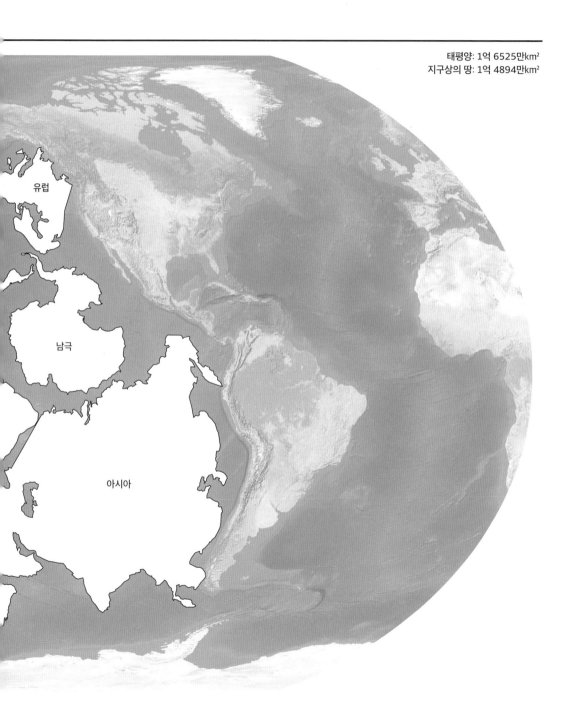

태평양: 1억 6525만km²
지구상의 땅: 1억 4894만km²

팬아메리칸하이웨이: 세상에서 가장 긴 도로

알래스카 고속도로

비공식적인 길

공식적인 길

이 지도는 팬아메리칸하이웨이의 공식적, 비공식적인 길들을 보여 준다. 파나마와 콜롬비아 사이의 다리엔 갭Darien gap은 개발되지 않은 늪지대로, 현재까지도 이 지역에 도로를 건설하는 것은 불가능하다.

아프리카의 실제 크기

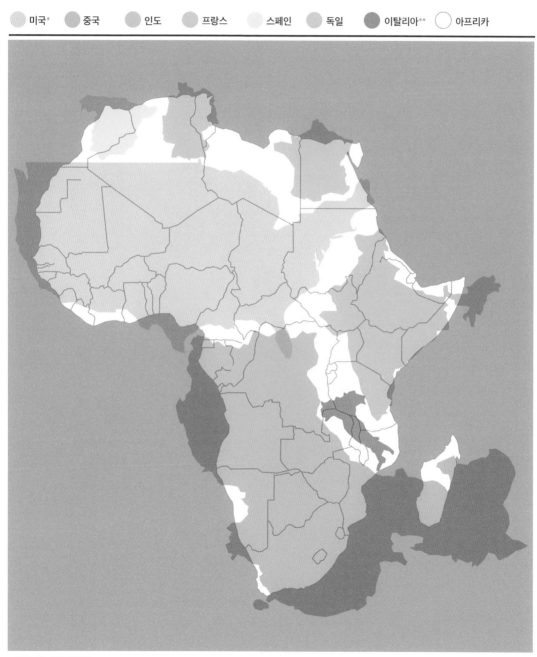

*알래스카, 하와이 제외.
**사디니아 제외.

거울에 비춰 본 세계

1914년 기준,
런던에서부터 걸리는 시간

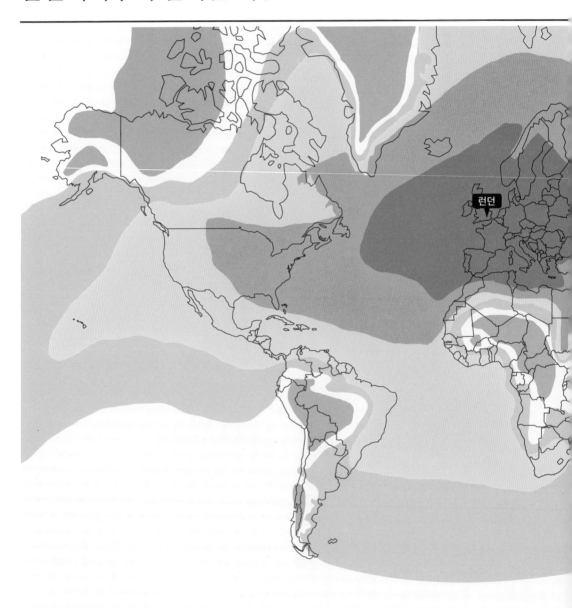

런던

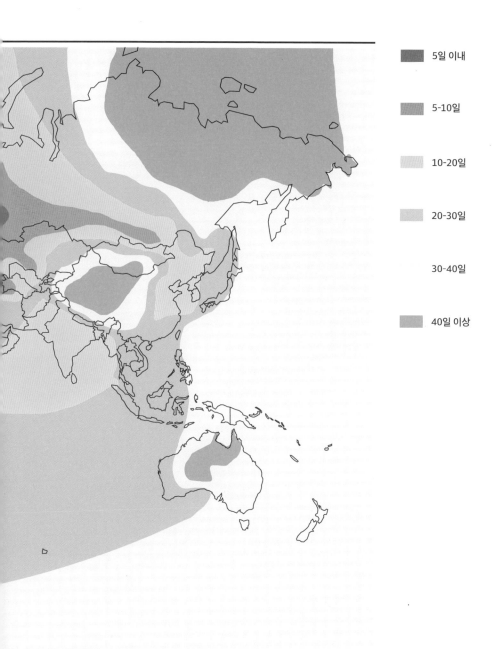

5일 이내

5-10일

10-20일

20-30일

30-40일

40일 이상

2016년 기준,
런던에서부터 걸리는 시간

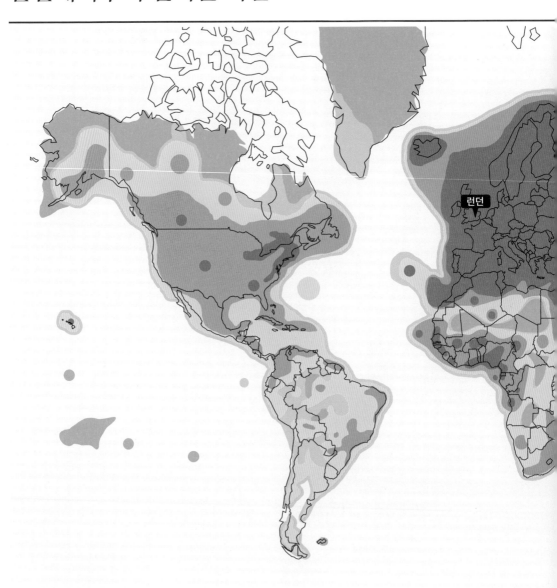

런던

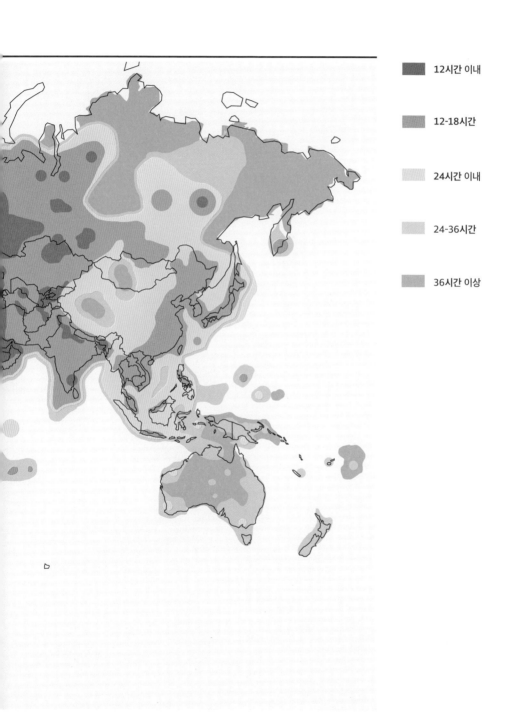

12시간 이내

12-18시간

24시간 이내

24-36시간

36시간 이상

가장 긴 비행시간을 자랑하는
직항 국내선 Top 5

생 드니

대척점 지도:
미국에서 땅을 파도 중국이 나올 수 없는 이유

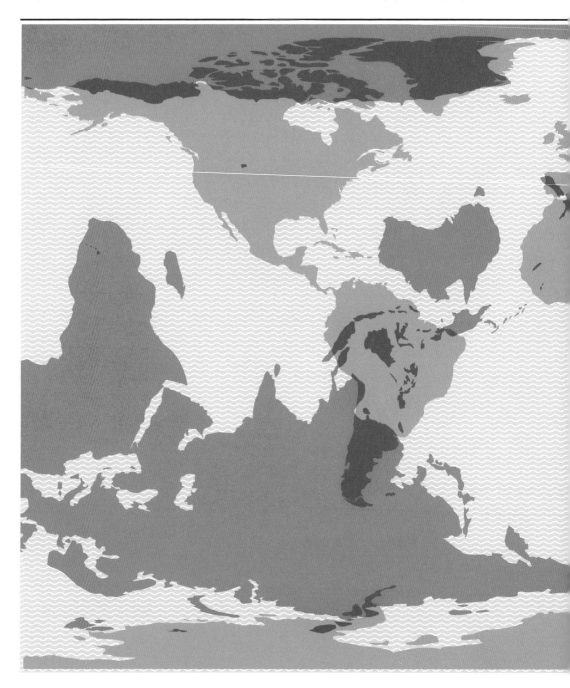

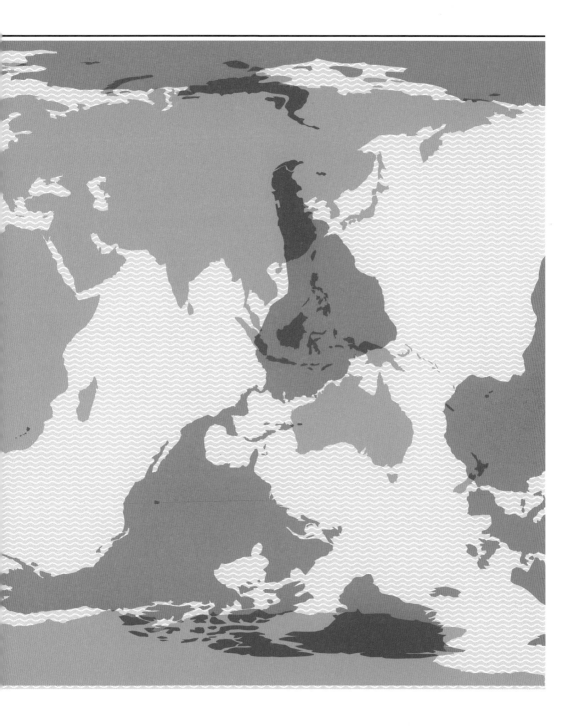

역사

제1차 세계대전 직전의
아프리카 식민지 지도

벨기에　프랑스　독일　이탈리아　포르투갈　스페인　영국　독립국

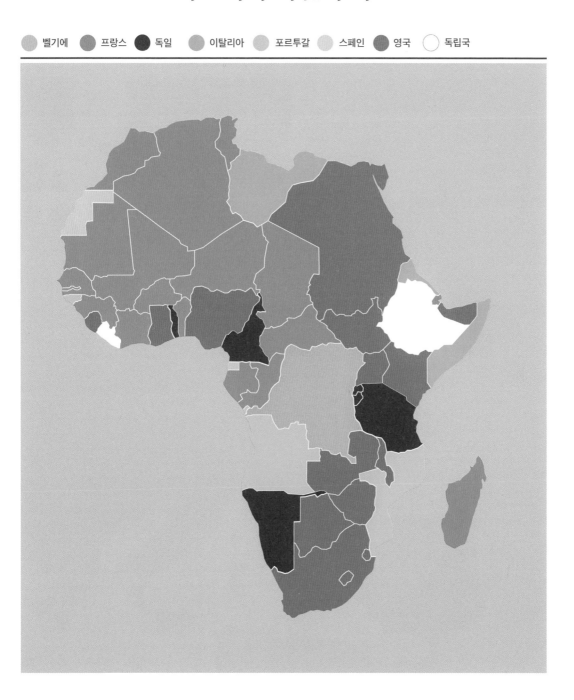

도거랜드

18,000년 전, 영국과 유럽 대륙을 이어 주던 도거랜드라는 대륙이 있었다.
그러나 해수면이 상승하면서 기원전 6500-6200년경, 도거랜드는 바다에 잠겨 버렸다.

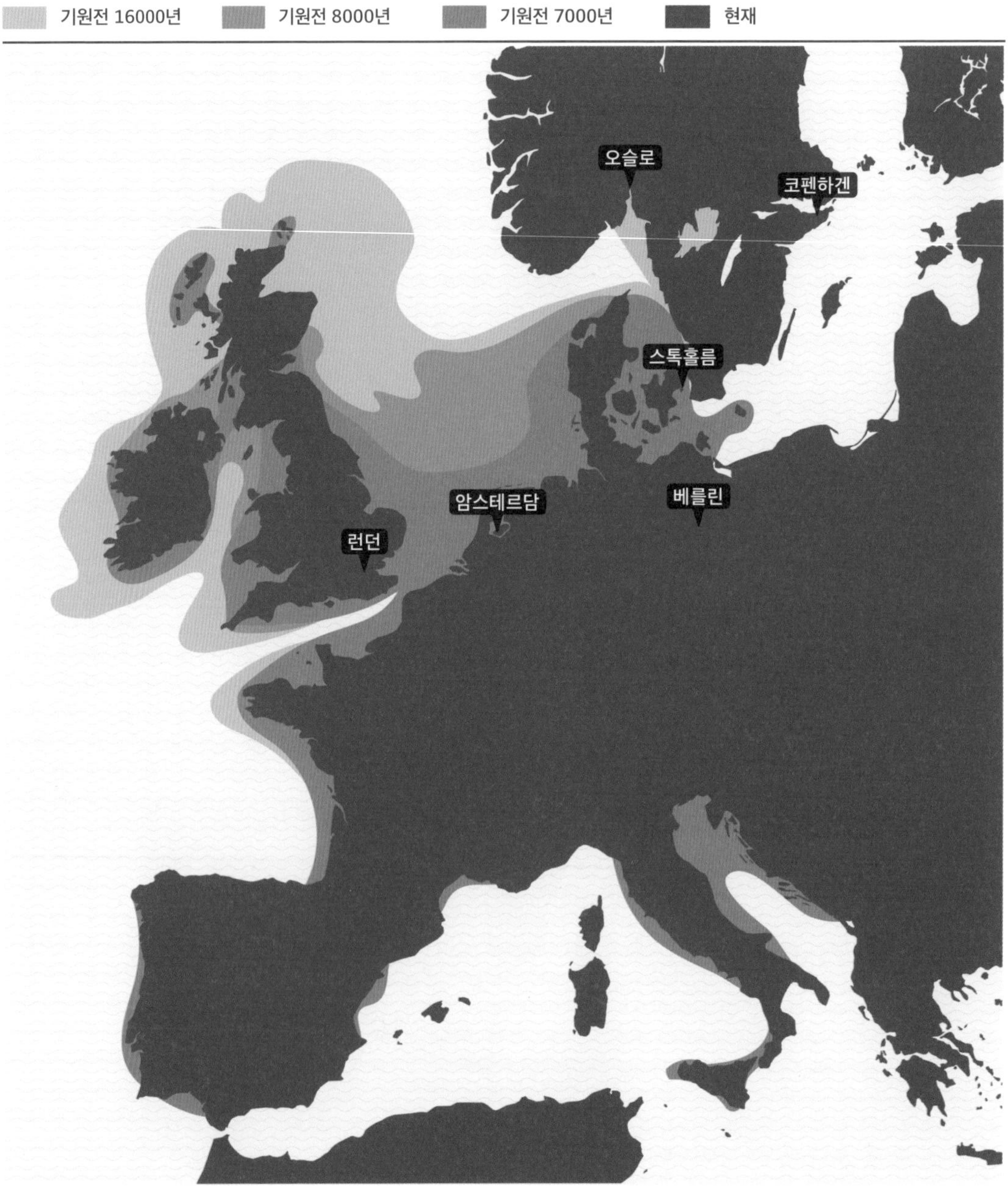

기원전 16000년　　기원전 8000년　　기원전 7000년　　현재

오슬로

코펜하겐

스톡홀름

암스테르담

베를린

런던

감자 기근 이후(1841-1851년), 아일랜드의 비극적인 인구 감소

 인구 감소율

■ 30% 이상 ■ 20~29% ■ 10~19% ■ 인구 증가

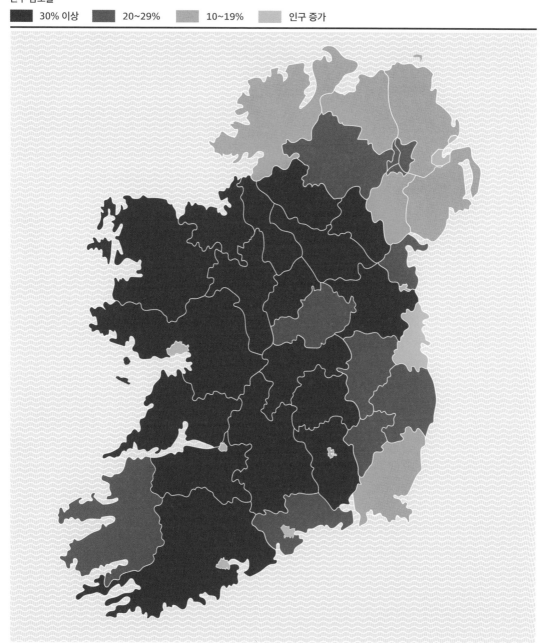

9.11 테러로 자국민을 잃은 나라

9.11 테러
희생자들의
출신 국가

9.11 테러 리스트의
출신 국가

9.11 테러의
희생자와 테러리스트가
모두 속한 국가(레바논)

1881년, 유럽인이 **탐험하지 않은 지역**

북아메리카

대서양

아프리카

동아메리카

태평양

탐험하지 않은 지역

1969년 12월 기준, 전 세계의 **인터넷 지도**

UCLA : 캘리포니아대학교 네트워크 측정 센터(Network
　　　Measurement Center), 로스엔젤레스
SRI : 멘로 파크(Menlo Park)의 스탠포드연구소(SRI)의 네트워크
　　　정보 센터, 캘리포니아

UTAH : 유타대학교의 컴퓨터연구소(School of Computing)
UCSB : 산타바바라의 쿨러-프라이드(Culler-Fried) 상호 수학 센터
　　　(Interactive Mathematics Center), 캘리포니아

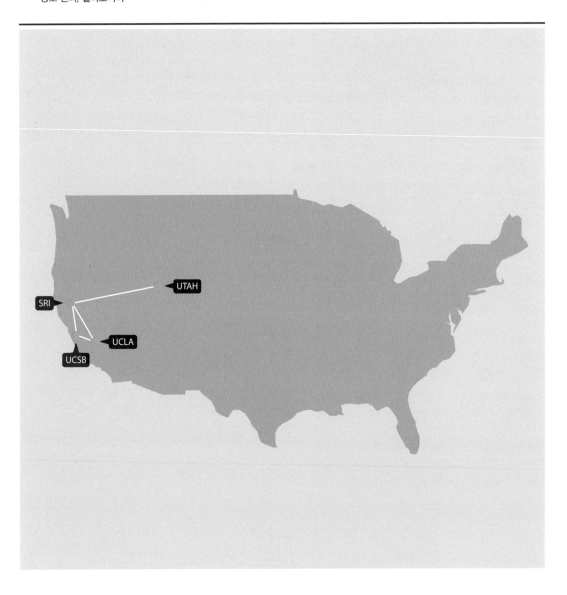

최초로 제안된
파키스탄과 인도의 분할선

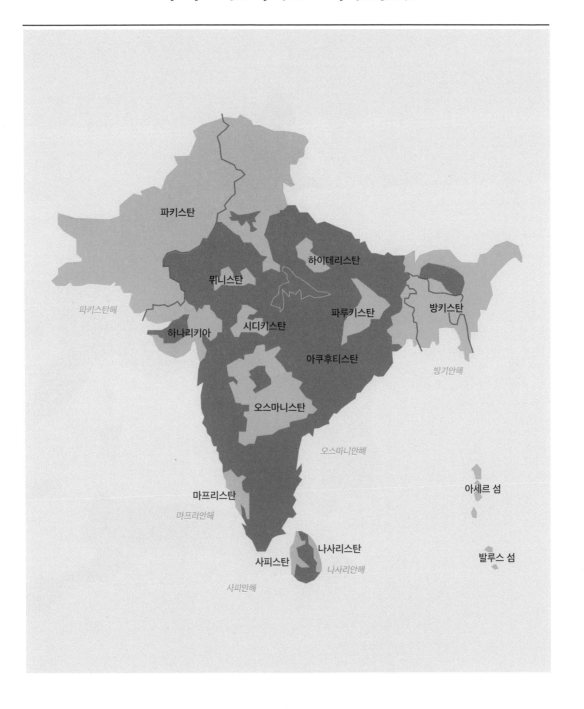

로마 제국이 다시 등장한다면

117년, 로마 제국은 웨일스부터 쿠웨이트까지 이어져 있는, 가장 넓은 영토를 자랑했다. 오늘날 지도에 로마 제국의 영토를 표시하면 다음과 같다.

- 인구가 가장 많은 도시는 이스탄불일 것이다(1,400만 명).
- 로마 제국은 가장 큰 러시아에 이어 두 번째로 큰 나라일 것이다 (1,300만 km²).
- 인구는 7억 1,700만 명 정도로, 중국과 인도 다음으로 많은 인구를 자랑할 것이다.
- 국민총생산은 15조 달러로, 1위인 미국에 이어 2위를 차지할 것이다.

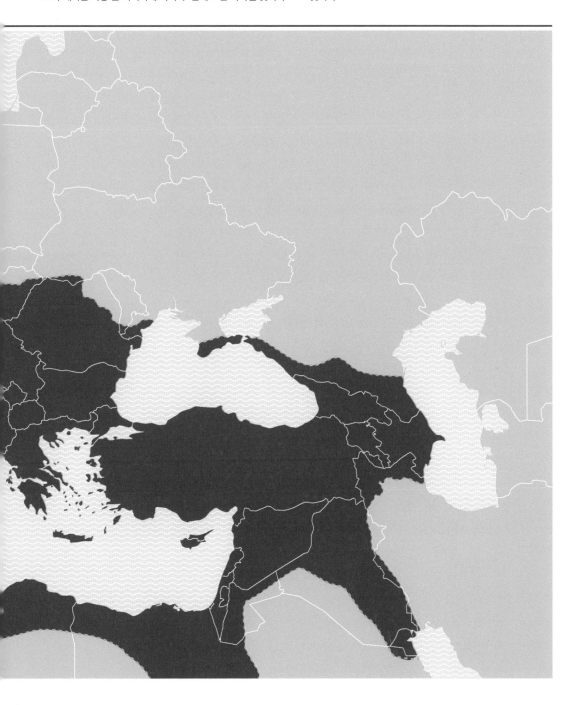

몽골 제국이 다시 등장한다면

몽골 제국은 역사상 가장 넓은 영토를 자랑한 제국이다. 1279년의 몽골 제국을 오늘날의 지도에 표시하면 다음과 같다.

- 몽골 제국은 러시아의 2배를 자랑하는, 세계에서 가장 큰 나라일 것이다(3,500만 km²).
- 몽골 제국은 22억 인구를 가진, 세계에서 인구가 가장 많은 나라일 것이다. 이는 중국보다 60% 많은 규모이다.
- 몽골 제국은 세계에서 가장 큰 경제 규모를 지니고 있을 것이다.

구매력 기준 29.2조 달러로, 미국이나 중국보다 70% 정도 큰 규모이다.

- 몽골 제국은 975만 명의 군인을 가지고 있는, 세계에서 가장 큰 군대를 가진 나라일 것이다. 이는 미국보다 6.5배 큰 규모이다.
- 몽골 제국의 가장 큰 도시는 상하이일 것이며, 이는 세계에서 가장 큰 대도시권은 아니지만, 개별 도시 하나로만 보면 세계에서 가장 클 것이다.

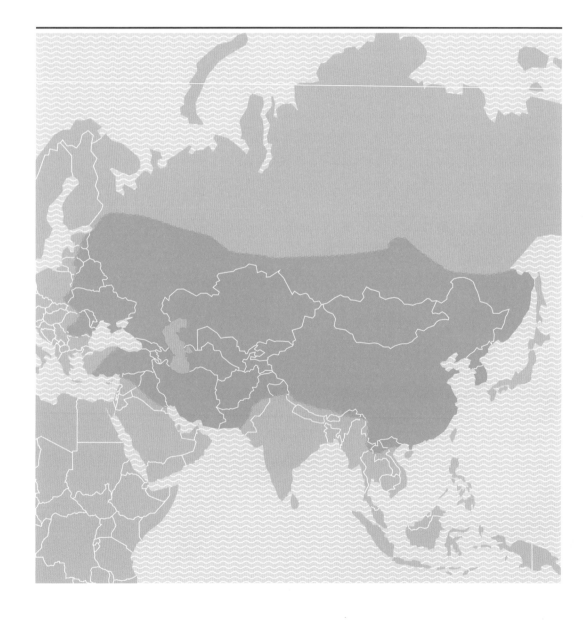

고대 7대 불가사의

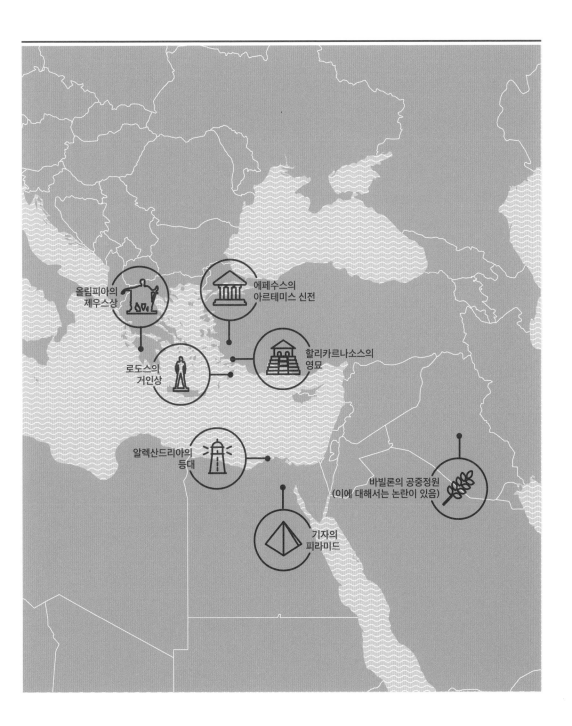

올림피아의
제우스상

에페수스의
아르테미스 신전

로도스의
거인상

할리카르나소스의
영묘

알렉산드리아의
등대

바빌론의 공중정원
(이에 대해서는 논란이 있음)

기자의
피라미드

제1차 세계대전으로 인한
(전쟁 전 인구 대비) **사상자** 비율

군인, 민간인 모두 포함

정보 없음

0-1%

1-2%

2-4%

4-10%

10% 이상

제2차 세계대전으로 인한
(전쟁 전 인구 대비) **사상자** 비율

군인, 민간인 모두 포함

정보 없음

0-1%

1-2%

2-4%

4-10%

10% 이상

적색 지대:
제1차 세계대전 당시, 극심한 피해를 입은 프랑스 지역으로, 주민들의 거주가 금지되어 있다

피해를 입지 않음　　보통의 피해를 입음　　상당한 피해를 입음　　적색 지대: 완전히 파괴됨

벨기에

릴
베튄
랑스
아라스
캉브레
샤를빌
생캉탱
아미앵
랑
베르됭
수아송
콩피에뉴
낭시
툴

파리

프랑스

정체성

유럽의 경계를 DNA로 나타낸다면

이 지도는 Y 염색체 DNA(미토콘드리아 DNA를 제외하고)를 통해,
유럽에서의 지배적인 하플로그룹(한 부모로부터 물려받은 유전자 그룹)의 분포를 보여 준다.

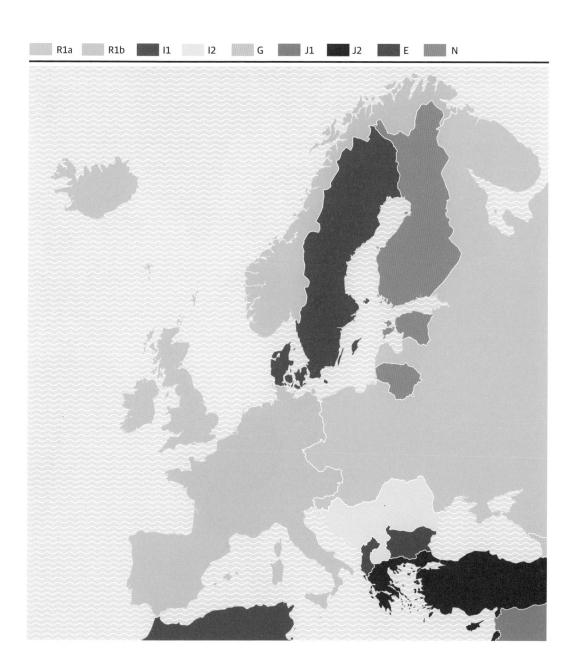

여권의 색깔

 적색

 녹색

 청색

 흑색

영국의 여권색은 순전히 정치적인
이유(브렉시트)로 바뀐다고 한다.

국기에 적색이나 청색이 있는 나라

적색이나 청색이
있는 국기를 가진
나라

정색과 청색
모두 없는 국기를
가진 나라

세계의 국기

'아시아'라고 할 때,
어디를 말하는 것인가?

 중앙아시아

 남아시아

 동아시아

 동남아시아

그렇다면 북아시아와 서아시아는?
서아시아는 중동 지역을 뜻하고,
북아시아는 시베리아 지역, 우랄
지역, 러시아의 극동 지방을
뜻하는데, 이 두 용어는 잘 쓰지
않는다.

'인도어'는 없다

인도는 22개의 지역 언어를 공식적으로 인정한다. 도그리어와 신디어는 현재 인도의 29개 주와 영토에서 공식 언어 혹은 공용 언어로서 인정받지 못하고 있다. 회색으로 표시된 아루나찰 프라데시 주, 메갈라야 주,

나갈랜드 주와 시킴 주는 영어를 공식 언어로 표기하지만, 다른 언어와 방언을 많이 사용하고 있다. 미조람 주의 공식 언어는 미조어지만, 미조어는 인도 헌법 부칙 제8조에서 인정한 언어는 아니다.

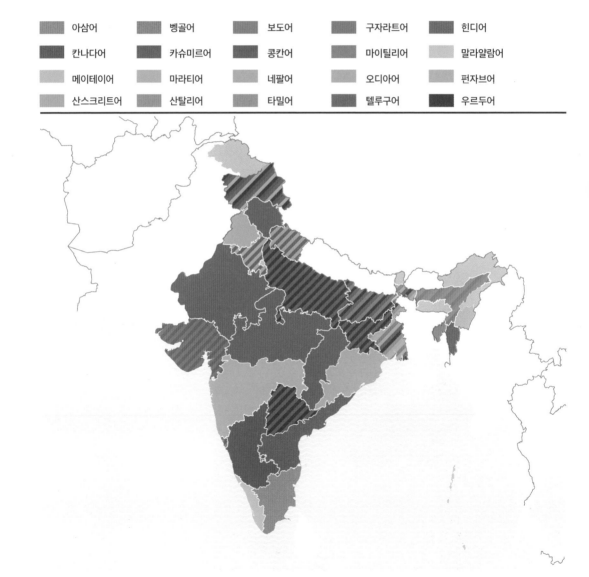

아삼어	벵골어	보도어	구자라트어	힌디어
칸나다어	카슈미르어	콩칸어	마이틸리어	말라얄람어
메이테이어	마라티어	네팔어	오디아어	펀자브어
산스크리트어	산탈리어	타밀어	텔루구어	우르두어

죄와 벌

살인율: 유럽*VS 미국

참고: 컬럼비아 특별구(워싱턴 D.C.)는 인구 10만 명당 15.9명으로 다른 어떤 지역보다 높은 살인율을 자랑한다.

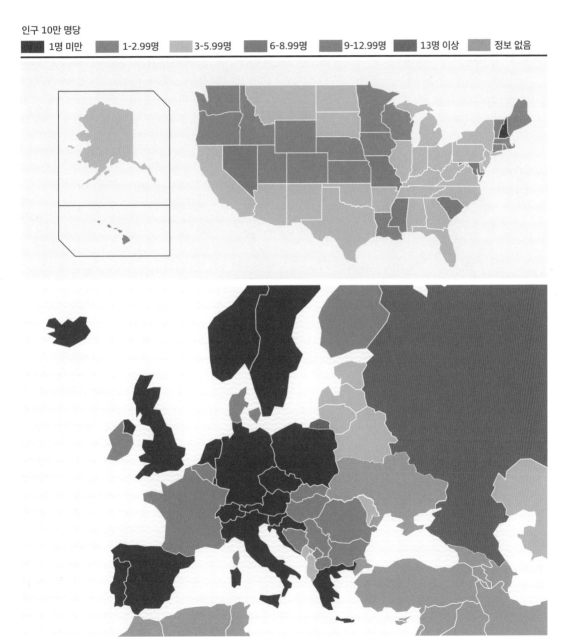

인구 10만 명당

| 1명 미만 | 1-2.99명 | 3-5.99명 | 6-8.99명 | 9-12.99명 | 13명 이상 | 정보 없음 |

* 러시아 포함

세계의 사형 제도

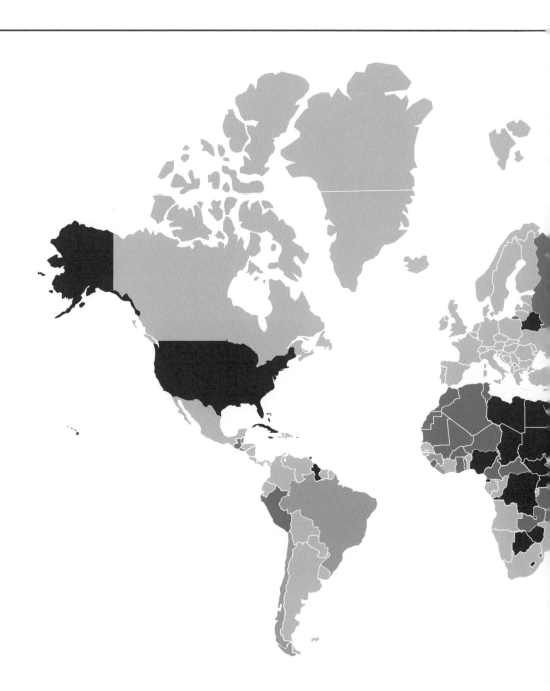

 사형 제도 폐지

 일반 범죄에는 폐지되었으나, 매우 특별한 상황에만 시행

 사실상 폐지 : 사형 제도가 존재하지만 최근 10년간 집행된 적 없음

 사형 제도 유지

나라별 수감자의 수

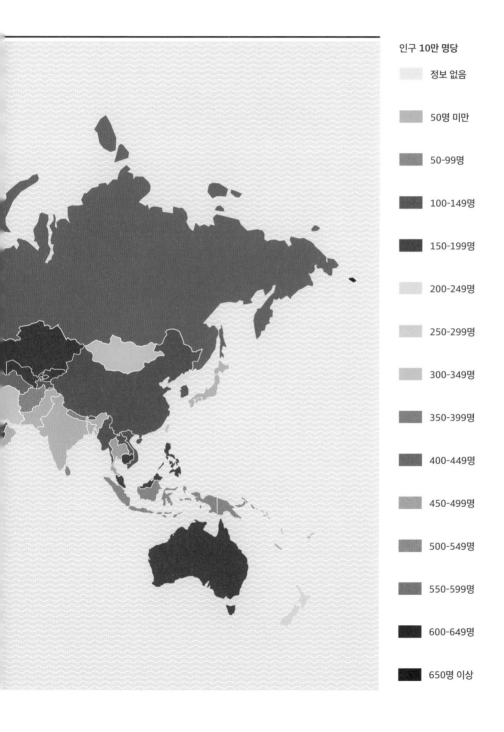

인구 10만 명당

정보 없음

50명 미만

50-99명

100-149명

150-199명

200-249명

250-299명

300-349명

350-399명

400-449명

450-499명

500-549명

550-599명

600-649명

650명 이상

세계에서 일어난 **테러의 기록들** (1970-2015년)
(사망 유무 혹은 성공 여부에 관계없이)

공격의 강도

높음

낮음

'공격의 강도'는 각 테러로 인한
사망자와 부상자를 취합하여
산출했다.

미국에서의 사형 집행 횟수
(1976년부터)

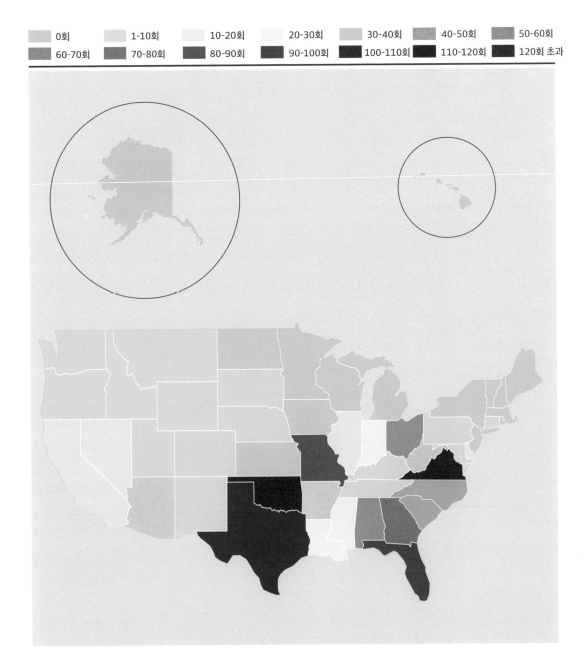

환경

사자 분포도: 과거와 현재

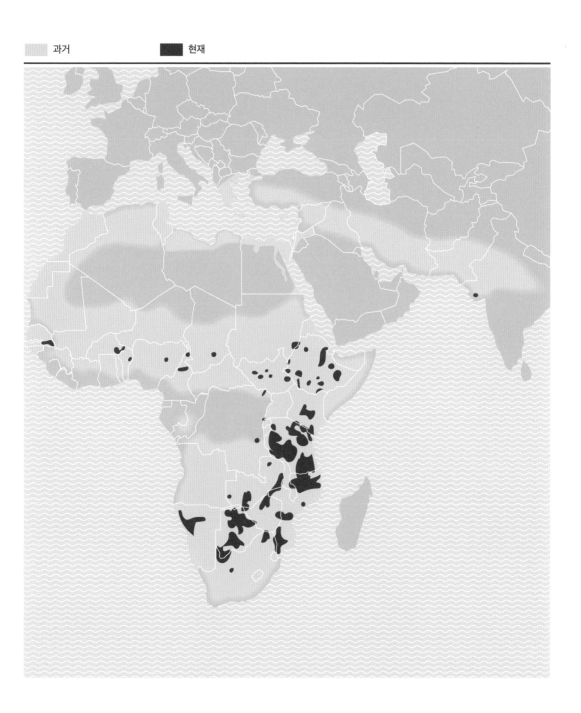

강이 없는 나라

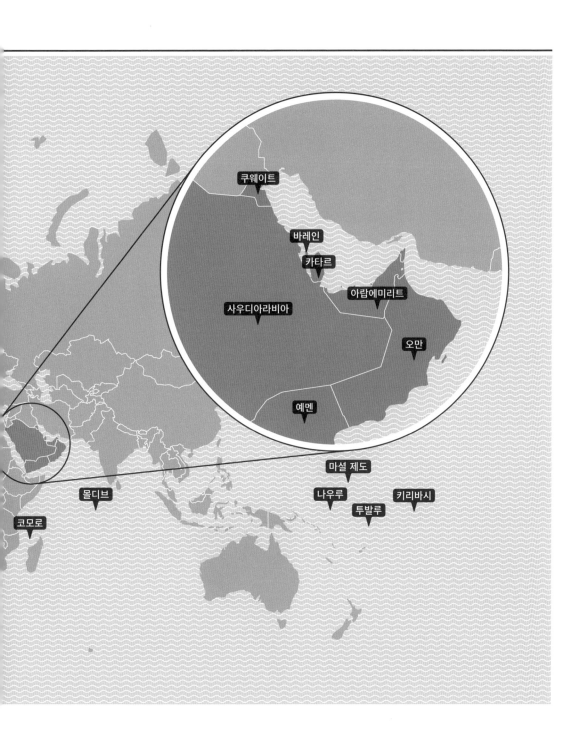

독을 가진 동물이 가장 많은 나라

독을 가진 동물이 가장 많은 국가는 어디일까? 1위는 놀랍게도 오스트레일리아가 아닌, 80종을 보유하고 있는 멕시코이다.
2위는 79종을 보유한 브라질이고, 오스트레일리아는 66종을 보유하고 있다(오스트레일리아 동물들의 독성이 세기는 하다).
한편, 프랑스에는 왜 이렇게 많은지 궁금할 것이다.
이는 프랑스의 해외 영토인 프랑스령 가이아나까지 포함되기 때문이다.

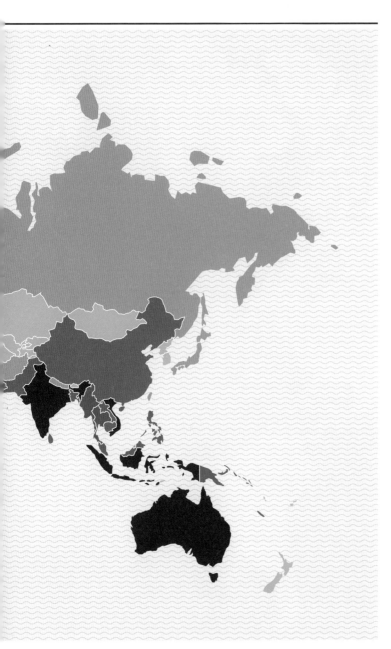

독을 가진 동물의 수

10종 미만

10-20종

20-30종

30-40종

40-50종

50종 초과

정보 없음

상어 VS 인간: 누가 누굴 죽이는 것인가?

'지구에서 일어난 상어의 공격 기록'에 따르면 2017년에 지중해를 건너던 이민자 가운데
31명이 상어의 공격을 받아 죽었다고 하는데, 전문가들은 이 수치를 의심하고 있다.

인간이 죽인 상어의 수:
6,300만-2억 7,400만 마리

상어가 죽인 인간의 수:
7-10명

연간 일조 시간: 미국 VS 유럽

1,399시간 이하   1,400시간   1,600시간   2,000시간   2,500시간   3,000시간   3,500시간 이상

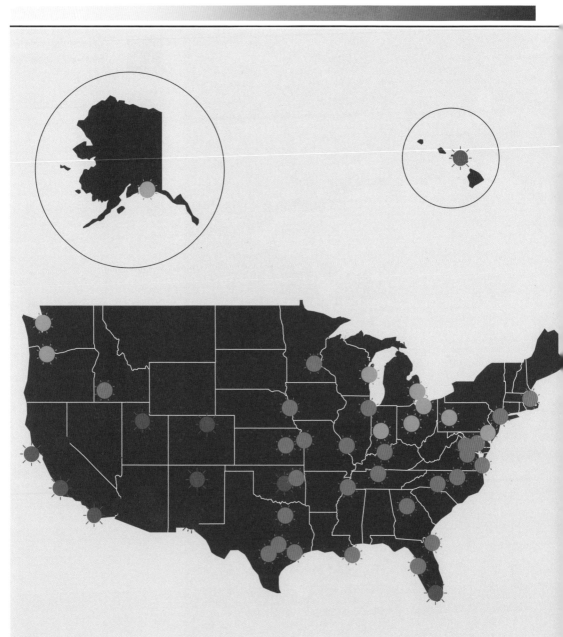

기후 변화가 삶에 영향을
미칠 것이라고 믿는 **미국인의 비율**

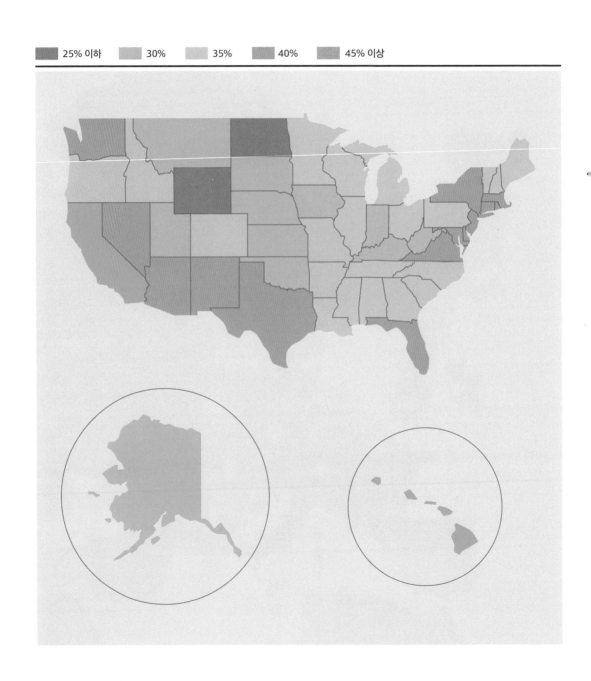

25% 이하　30%　35%　40%　45% 이상

유럽*에서 크리스마스에
눈을 볼 수 있을 확률

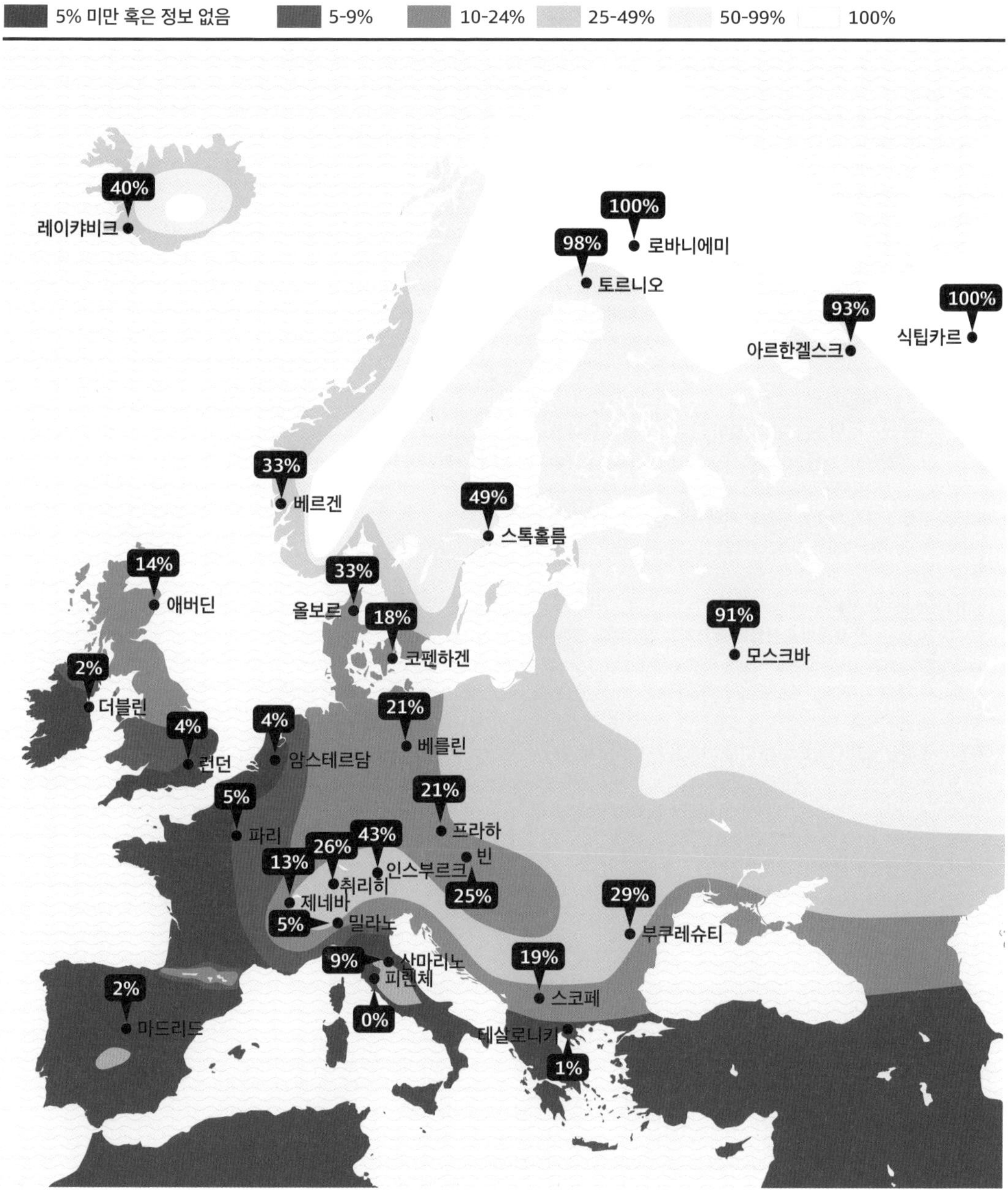

| | 5% 미만 혹은 정보 없음 | | 5-9% | | 10-24% | | 25-49% | | 50-99% | 100% |

40% 레이캬비크

100% 로바니에미

98% 토르니오

93% 아르한겔스크

100% 식팁카르

33% 베르겐

49% 스톡홀름

14% 애버딘

33% 올보르

18% 코펜하겐

91% 모스크바

2% 더블린

4% 런던

4% 암스테르담

21% 베를린

21% 프라하

5% 파리

13% 제네바

26% 취리히

43% 인스부르크

빈

25%

29% 부쿠레슈티

5% 밀라노

9% 산마리노
피렌체

19% 스코페

2% 마드리드

0%

데살로니카

1%

* 러시아 포함.

자료 출처

사람과 인구

〈절반 이상의 오스트레일리아 사람들은 이곳에 산다〉
정보: Copyright©Commonwealth of Australia. Licensed under a Creative Commons Attribution 2.5 Australia Licence
개념: Reddit 사용자 Ianson15

〈북아메리카 인구를 유럽 인구에 대입해 본다면〉
정보: Copyright©2017 World Population Review. http://worldpopulationreview.com
개념: Reddit 사용자 jackblack2323

〈북아메리카 인구를 아프리카 인구에 대입해 본다면〉
정보: Copyright©Wikipedia 2018. 'List of African Countries by Population', under Creative Commons Attribution-ShareAlike 3.0 Unported License
개념: Mason Norris, 미국 노스캐롤라이나에서 활동하는 자유 기고자이자 지도광. www.masonrnorris.tumblr.com

〈미국과 캐나다 인구를 아랍연맹 인구에 대입해 본다면〉
정보: Copyright©Wikipedia 2018. 'Demographics of the Arab League', under Creative Commons Attribution-ShareAlike 3.0 Unported License
개념: Reddit 사용자 sebha3alaallah

〈유럽 국가를 인구가 비슷한 아메리카의 지역으로 옮겨 본다면〉
정보: From the World Factbook - Central Intelligence Agency. Used with the permission of the CIA.
개념: Reddit 사용자 Speech500

〈미국의 주를 인구가 비슷한 유럽의 지역으로 옮겨 본다면〉
정보: From The World Factbook - Central Intelligence Agency. Used with the permission of the CIA.
개념: Reddit 사용자 Speech500

〈1970-2015년, 전 세계의 출산율이 급격하게 감소하고 있다〉
정보: United Nations, Department of Economic and Social Affairs, Population Division (2017). World Population Prospects: The 2017 Revision, DVD Edition.
개념: Reddit 사용자 Areat. 프랑스 출신인 그는 지도 작업을 통해 전 지구적 변화를 보여 주는 데 관심이 많다.

〈유럽에서 해당 국가 다음으로 큰 인구 비중을 차지하는 국가〉
정보: From International migrant stock: The 2017 revision by the Department of Economic and Social Affairs, 2017, United Nations. Used with the permission of the United Nations.
개념: Reddit 사용자 JimWillFixIt69

〈캐나다인의 절반은 붉은 선 아래에 산다〉
정보: All rights reserved©2018 ForestWalk, Inc.
개념: Robin Lyster

〈일본의 수도권 연구보다 적은 인구를 가진 나라 또는 해외 영토〉
정보: From The World Factbook - Central Intelligence Agency. Used with the permission of the CIA.
개념: Reddit 사용자 xtehshadowx

〈세계의 중위연령〉
정보: From The World Factbook - Central Intelligence Agency. Used with the permission of the CIA.
개념: Simran Khosla. 그녀는 영상화 전문 기자로서 새로운 형태의 이야기 전달 방식을 실험하는 데 관심이 많다. 기자로서 인포그래픽,

데이터 시각화, 영상 해설을 작업하고 있다. 개발자로서 인터넷상의 흥미로운 이야깃거리를 아름답게 표현하기를 원한다.

〈전 세계 여성들의 평균 키〉

정보: Copyright©Wikipedia 2018, 'Average human height worldwide', under Creative Commons Attribution-ShareAlike 3.0 Unported License.

〈전 세계 남성들의 평균 키〉

정보: Copyright©Wikipedia 2018, 'Average human height worldwide', under Creative Commons Attribution-ShareAlike 3.0 Unported License.

〈이주민이 가장 많은 나라〉

정보: From International migrant stock: The 2017 revision by the Department of Economic and Social Affairs, 2017, United Nations. Used with the permission of the United Nations.

개념: Wikipedia 기고자 Stephen_Bain, 'Countries by immigrant population', Wikimedia Commons 2018 under Creative Commons license CCBY-SA 3.0.

〈유럽에서 태어난 사람들 중 외국에 사는 사람들의 비율〉

정보: From International migrant stock: The 2017 revision by the Department of Economic and Social Affairs, 2017, United Nations. Used with the permission of the United Nations.

개념: Max Galka. 정보 디자이너이자 펜실베이니아 대학교 디자인스쿨의 겸임 교수이다. 트위터 @Guardian Cities에 여러 글을 기고했으며, FOIA(Freedom of Information Act) 지도 제작자이자, 엘레멘터스(Elementus)를 통해 암호 화폐 거래의 투명성을 높이자고 목소리를 높이고 있다.

종교와 정치

〈한눈에 보는 아프리카 종교 지도〉

정보: 'Tolerance and Tension: Islam and Christianity in Sub-Saharan Africa'. Pew Research Center, Washington, D.C. (10 April 2015) http://www.pewforum.org/2010/04/15/executive-summary-islam-and-christianity-in-sub-saharan-africa/

〈국교가 있는 나라〉

정보: Copyright©Wikipedia 2018, 'State religion', under Creative Commons Attribution-ShareAlike 3.0 Unported License.

개념: Wikimedia 기고자 Smurfy, Wikimedia Commons under Creative Commons license CC0 1.0

〈나라별 가장 빠른 성장세를 보이는 종교〉

정보: 'The Future of World Religions: Population Growth Projections, 2010-2050.' Pew Research Center, Washington, D.C. (10 April 2015) https://www.pewforum.org/2015/04/02/religious-projections-2010-2050/

〈종교 지도자들의 출생지〉

정보: 필자

〈지난 50년간 여성 지도자가 있었던 64개 국가〉

정보와 개념 출처: 'Number of women leaders around the world has grown, but they're still a small group', Pew Research Center, Washington, D.C. (8 March 2017) http://www.pewresearch.org/fact-tank/2017/03/08/women-leaders-around-the-world/

힘

〈미국 캘리포니아 주보다 경제 규모가 큰 나라〉

정보: 'California's economy is now the 5th-biggest in the world, and has overtaken the United Kingdom', Business Insider, 5 May 2018, https://www.businessinsider.com/california-economy-ranks-5th-in-the-world-beating-the-uk-2018-5?r=US&IR=T

〈나라별 최대 수입국〉

　정보: Simoes, Alexander James Gaspar, and César A. Hidalgo. 'The Economic
　Complexity Observatory: An Analytical Tool for Understanding the Dynamics of Economic Development.' Scalable Integration
　of Analytics and Visualization. 2011.
　개념: Reddit 사용자 Amiantedelxue, 지리학을 공부한 프랑스의 학생이자 지도 제작자이다.

〈나라별 가장 큰 부가가치를 가진 수출품〉

　정보: From The World Factbook - Central Intelligence Agency. Used with the
　permission of the CIA.
　개념: Simran Khosla

〈나라별 1인당 평균 금 보유량〉

　정보: Copyright©2019 World Gold Council
　https://www.gold.org/
　개념: www.merchantmachine.co.uk

〈군사비 지출을 기준으로 세계를 나누어 본다면〉

　정보: Copyright©SIPRI 2018
　https://www.sipri.org/databases/milex
　개념: Philip Kearney. 텍사스 주 오스틴에 살고 있는 아마추어 지도 제작자이다. 그는 신발 끈 묶기를 배우기 전인 아주 어릴 적부터
　친구와 공유할 수 있는 마을 지도를 만들었다. 요즘엔 독특하고 흥미로운 지도를 만들면서 프로그래밍과 컴퓨터 기반 지도 만들기 학위
　과정을 이수하고 있다.
　www.philip-kearney.com

〈원자력 국가 VS 원자력을 생산하지 않는 국가〉

　정보: Copyright©2018 International Atomic Energy Agency(IAEA). All rights
　reserved.
　개념: britishbusinessenergy.co.uk

문화

〈유럽에서 가장 많이 우승한 축구팀〉

　정보: 필자

〈Football VS Soccer〉

　정보: Copyright©Wikipedia 2018, 'Names for association football', under Creative Commons Attribution-ShareAlike 3.0
　Unported License.
　개념: Reddit 사용자 reddripper. 그는 인도네시아 출신의 프로그래머이자 그래픽 디자이너이다. 데이터베이스와 웹 프로그래밍 및
　표지 디자인과 일러스트를 맡고 있다.

〈나라별 헤비메탈 밴드의 수〉

　정보: Copyright©2002-2019 Encyclopaedia Metallum. From The World Factbook - Central Intelligence Agency. Used with the
　permission of the CIA.
　개념: Reddit 사용자 depo_

〈맥도날드가 없는 나라〉

　정보: Copyright©Wikipedia 2018, 'List of countries with McDonald's restaurants', under Creative Commons Attribution-
　ShareAlike 3.0 Unported License.
　개념: Wikimedia 기고자 Szyslak, 2007.

〈미스 월드 우승자가 가장 많은 나라〉

　정보: 필자

〈알파벳 20자 이상으로 이루어진 지명〉

　정보: Copyright©Wikipedia 2018, 'Longest place names', under Creative Commons Attribution-ShareAlike 3.0 Unported

License.

개념: Jay Bhadrica

〈독일에서 가장 인기 있는 콜라 브랜드〉

정보: Copyright©Vita Cola www.vita-cola.de

개념: Reddit 사용자 Spanholz. 독일에 살고 있으며, 블로그 WeeklyOSM.eu의 일원으로 활동하고 있다.

관습

〈유럽이 '산타'를 부르는 법〉

정보: Copyright©Wikipedia 2018, 'List of Christmas and winter gift-bringers by country', under Creative Commons Attribution-ShareAlike 3.0 Unported License.

개념: Jakub Marian. 체코 출신 언어학자이자, 수학자이다. 그는 지도를 통해 유럽 국가들 간의 언어, 문화, 경제 관계를 보여 주는 데에 관심이 많다. 1,000편 이상의 글을 썼고, 200개의 지도와, 10여 권의 책을 썼다.

〈이성 간 성관계 동의 연령〉

정보, 개념: Copyright©Wikimedia 기고자 MissMJ, Wikimedia Commons, under CC0 1.0 Universal (CC0 1.0) Public Domain Dedication.

〈소수점 VS 콤마 VS 다른 소수점 구분 기호〉

정보: Copyright©Wikipedia 2018, 'Decimal separator', under Creative Commons Attribution-ShareAlike 3.0 Unported License.

개념: Wikimedia 기고자 NuclearVacuum, 'DecimalSeparator.svg', Licensed under CC BY-SA 3.0.

〈나라별 날짜 표기법〉

정보: Copyright©Wikipedia 2018, 'Date format by country', under Creative Commons Attribution-ShareAlike 3.0 Unported License.

개념: Wikimedia 기고자 Typhoon2013, 'Date format by country (new).png', Licensed under CC BY-SA 4.0.

〈포경수술을 하는 남성의 비율: 미국과 중동의 공통점〉

정보, 개념: Copyright©Morris, Wamai, Henebeng, Tobian, Klausner, Banerjee & Hankins, 2016 CC BY 4.0.

〈21세기의 게일어 사용 인구 분포〉

정보: Contains public sector information licensed under the Open Government Licence v3.0.

개념: Reddit 사용자 targumures

〈세계 제일의 속도광은 누구? 세계의 최고 속도 제한〉

정보: Copyright©Wikipedia 2018, 'Speed limits by country', under Creative Commons Attribution-ShareAlike 3.0 Unported License.

개념: Wikimedia 기고자 Amateria1121, 'World Speed Limits.svg', 2014, under Creative Commons Attribution-Share Alike 4.0 International license.

〈누구의 운전 방향이 잘못된 것인가?〉

정보: Copyright©Wikipedia 2018, 'Left- and right-hand traffic', under Creative Commons Attribution-ShareAlike 3.0 Unported License.

개념: Benjamin D. Esham, 2007 under public domain.

〈세계의 플러그 지도〉

정보: Copyright©2003-2019 World Standards

https://www.worldstandards.eu/electricity/spread-plug-types-map/

개념: Conrad H. McGregor. 그는 2003년에 worldstandards.eu라는 사이트를 개설했다. 이 사이트는 국제 표준이라는 주제에 관심을 둔 여행자와 모든 이들을 위한 정보의 원천지이다.

〈선거는 무슨 요일에?〉

정보: Copyright©Wikipedia 2018, 'Election Day', under Creative CommonsAttribution-ShareAlike 3.0 Unported License.

개념: Renno Hokwerda. 네덜란드 출신의 설계 및 지리학과 학생이다. 그는 지도를 통해 흥미롭고 소름 돋는 지리적 사실을 보여 주며,

매우 상세한 (현실적인) 상상의 지도를 만들고 있다. 그의 작업은 온라인으로 볼 수 있다.
https://www.flickr.com/photos/31322479@N04/albums/72157624717280387

적과 친구

〈폴란드를 침공한 적이 있는 유럽 국가〉
정보: Copyright©Wikipedia 2018, 'List of wars involving Poland', under Creative Commons Attribution-ShareAlike 3.0 Unported License.
개념: Reddit 사용자 ClayTownR

〈영국의 침공을 받지 않은 22개 국가〉
정보: Laycock, Stuart. All the Countries We've Ever Invaded: And the Few We Never Got Round To. The History Press, 2012.

〈팔레스타인을 공식 승인한 나라〉
정보: Copyright©Wikipedia 2018, 'International recognition of the State of Palestine', under Creative Commons Attribution-ShareAlike 3.0 Unported License.
개념: Wikimedia 기고자 Amateria1121, Wikimedia Commons, 2012 under CC BY-SA 4.0.

〈이스라엘을 공식 승인한 나라〉
정보: Copyright©Wikipedia 2018, 'International recognition of Israel', under Creative Commons Attribution-ShareAlike 3.0 Unported License.
개념: Wikimedia 기고자 AMK1211, 2011, under Wikimedia Commons license CC BY-SA 4.0.

〈영문판 위키피디아에서 각 나라를 검색했을 때 가장 많이 되풀이 되는 단어〉
정보와 개념 출처: Reddit 사용자 Amiantedelxue.

〈세계의 개방 국경〉
정보: Copyright©Wikipedia 2018, 'Open borders', under Creative Commons Attribution-ShareAlike 3.0 Unported License.
개념: Reddit 사용자 Fweepi

〈미국과 상호방위조약을 맺은 나라〉
정보: U.S. Department of State 2018, U.S. Collective Defense Arrangements.
https://www.state.gov/s/l/treaty/collectivedefense/ (public domain)

〈북한 대사관이 있는 나라〉
정보: Copyright©Wikipedia 2018, 'List of diplomatic missions of North Korea',
under Creative Commons Attribution-ShareAlike 3.0 Unported License.
개념: Wikimedia 기고자 Avala, 2008, under public domain.

〈북한에 대사관이 있는 나라〉
정보: Copyright©Wikipedia 2018, 'List of diplomatic missions of North Korea',
under Creative Commons Attribution-ShareAlike 3.0 Unported License.
개념: Copyright©Kwamikagami, Wikimedia Commons under Creative Commons license CC BY-SA 4.0, copyright©Citynoise Wikimedia Commons under Creative Commons license CC BY-SA 4.0.

〈미국이 생각하는 동맹국, 우방국 그리고 적대국〉
정보: Copyright©YouGov.com, 2017
개념: Reddit 사용자 ShilohShay

〈바이킹이 침략하거나 정착했던 나라〉
정보: Copyright©Wikipedia 2018, 'Viking expansion', under Creative Commons Attribution-ShareAlike 3.0 Unported License.
개념: Reddit 사용자 Grankogle. 덴마크 출신인 그는 역사, 지도, 문화 등 다양한 분야에 호기심을 갖고 있다.

〈공산주의였거나 공산주의인 나라〉
정보: 필자

지리 ——————————————————————————————

〈칠레는 어마어마하게 길다〉
    정보: thetruesize.com
〈세계의 정확한 시간대〉
    정보: Copyright©Wikipedia 2018, 'List of time zones by country', under Creative Commons Attribution-ShareAlike 3.0
    Unported License.
    개념: Branden Rishel. 그는 미국 워싱턴 주의 벨링햄에서 가족과 함께 살고 있다.
    cartographerswithoutborders.org.
〈잉글랜드England VS 그레이트브리튼Great Britain VS 영국United Kingdom〉
    개념: TW Carlson, 'Euler Diagram of the British Isles.svg', Wikimedia Commons 2018 under CCO 1.0 Universal Public Domain
    Dedication.
〈룩셈부르크는 결코 작은 나라가 아니다〉
    정보: thetruesize.com
    개념: Reddit 사용자 issoweilsosoll
〈원 바깥보다 원 안에 더 많은 사람들이 살고 있다〉
    정보: From The World Factbook - Central Intelligence Agency. Used with the
    permission of the CIA.
    개념: Reddit 사용자 valeriepieris
〈모든 길은 로마로 통한다〉
    개념: http://roadstorome.moovellab.com
    Benedikt Groß는 분야의 경계를 거부하는 디자이너로 사람들 간의 관계, 데이터, 기술과 환경, 정보들의 버뮤다 삼각지대에서
    일하는 추측 및 계산 설계사이다. 그는 상호작용 설계 디자인(@HfG Schwäbisch Gmünd)의 교수이자, 디자인사(@moovellab)의
    책임자이기도 하다.
    Raphael Reimann는 여러 분야를 넘나드는 도시 연구자이자 무벨(moovel)사의 창립자이기도 하다. 그는 지리학, 도시 설계 그리고
    개발을 공부했다. 그는 회사에서 아이디어, 개념화, 그리고 소통 분야를 담당하고 있다. 그는 빠른 속도의 디지털 서비스와 지속적인
    도시 기반 시설의 상호 작용(이는 매우 흥미롭고 도전적인 주제다)을 연구한다.
    Philipp Schmitt는 디자이너이자 예술가로 기술과 사회의 관계에 관심이 많다. 그는 디자인과 기술을 단순한 도구로 보지 않고, 하나의
    주제로서 다룬다. 그는 분야를 넘나들면서 작업하고, 상호 작용 및 생성 설계, 미래 설계, 데이터 시각화, 사진 및 영상 작업 등을 한다.
〈세계의 가장 큰 섬 20개 비교〉
    정보: Copyright©Wikipedia, 2018, 'Lists of islands by area', under Creative Commons Attribution-ShareAlike 3.0 Unported
    License
〈태평양은 지구상의 모든 대륙을 합친 것보다 넓다〉
    정보: Made with Natural Earth. Free vector and raster map data from naturalearthdata.com.
    개념: naturalearthdata.com 의 Chris Stephens
〈팬아메리칸하이웨이: 세상에서 가장 긴 도로〉
    정보: Copyright©NASA, 2015
    개념: Wikimedia contributor Seaweege, Wikimedia Commons, under CCO 1.0 Universal (CCO 1.0) Public Domain Dedication
〈아프리카의 실제 크기〉
    정보: thetruesize.com
    개념: Reddit 사용자 edtheredted
〈거울에 비춰 본 세계〉
    개념: Reddit 사용자 Ambamja
〈1914년 기준, 런던에서부터 걸리는 시간〉
〈2016년 기준, 런던에서부터 걸리는 시간〉
    정보: Copyright©Rome2rio, 2018
    개념: Rome2rio, 출발부터 도착까지 여행 및 숙박 정보를 알려주는 사이트로, 사람들이 세계 어느 곳에서든 오고 갈 수 있도록

도와준다.

〈가장 긴 비행시간을 자랑하는 직항 국내선 Top 5〉

정보: Google maps

개념: Reddit 사용자 bonne-nouvelle

〈대척점 지도: 미국에서 땅을 파도 중국이 나올 수 없는 이유〉

개념: Reddit 사용자 mattsdfgh

역사

〈제1차 세계대전 직전의 아프리카 식민지 지도〉

개념: Minas Giannekas. 지도 제작 사이트로 유명한 mapchart.net의 숨어 있는 개발자이다.

〈도거랜드〉

〈감자 기근 이후(1841-1851년), 아일랜드의 비극적인 인구 감소〉

정보: By kind permission of The Lilliput Press, Dublin: Edwards, RD; Williams, TD; The Great Famine: Studies in Irish History 1845-52, Lilliput Press, 1956, Re-released 1997.

〈9.11 테러로 자국민을 잃은 나라〉

개념: Reddit 사용자 thepenaltytick.

〈1881년, 유럽인이 탐험하지 않은 지역〉

정보: From The Great Explorers of the Nineteenth Century by Jules Verne https://archive.org/details/greatexplorersof00vernuoft

〈1969년 12월 기준, 전 세계의 인터넷 지도〉

정보: ARPAnet geographical maps (1969-1986), taken from the Computer History Museum archives http://www.computerhistory.org/collections/catalog/102646702

〈최초로 제안된 파키스탄과 인도의 분할선〉

정보: 일반적으로 사용되는 지도

〈로마 제국이 다시 등장한다면〉

개념: Reddit 사용자 Fweepi

〈몽골 제국이 다시 등장한다면〉

개념: Reddit 사용자 Trapper777_

〈고대 7대 불가사의〉

정보: 필자

〈제1차 세계대전으로 인한 (전쟁 전 인구 대비) 사상자 비율〉

개념: Reddit 사용자 lanson15

〈제2차 세계대전으로 인한 (전쟁 전 인구 대비) 사상자 비율〉

License
개념: Reddit 사용자 lanson15

〈적색 지대: 제1차 세계대전 당시, 극심한 피해를 입은 프랑스 지역으로 주민들의 거주가 금지되어 있다〉

정보: Guicherd, J., & Matriot, C. (1921). 'La terre des réions déastés'. Journal d'Agriculture Pratique, 34, 154-6

개념: Tinodela and Lamiot, Wikimedia Commons under Creative Commons license CC BY-SA 4.0

정체성

〈유럽의 경계를 DNA로 나타낸다면〉

정보: Copyright©2004-2018 Eupedia.com. All Rights Reserved

〈여권의 색깔〉

정보: Copyright©Wikipedia 2018, 'List of passports', under Creative Commons Attribution-ShareAlike 3.0 Unported License

개념: Wikipedia contributor Twofortnights, Wikimedia Commons under Creative Commons license CC BY-SA 4.0

〈국기에 적색이나 청색이 있는 나라〉

정보: From The World Factbook - Central Intelligence Agency. Used with the permission of the CIA.

개념: Reddit 사용자 PieJesu

〈세계의 국기〉

정보: Copyright©FOTW Flags Of The World website at http://flagspot.net/flags/

개념: Douglas Wilhelm Harder. 그는 2002년부터 워털루대학교 전기컴퓨터공학과의 강사로 일하고 있다. 그는 겔프대학교에서 학부 과정을 마쳤다. 그는 캐나다군 링컨과 웰렌드 연대의 예비역이며, 제2 첩보 부대에서 일했다. 그는 워털루대학교에서 응용수학 과정을 마친 후 메이플소프트에서 수학 소프트웨어 개발자로 일했다.

〈'아시아'라고 할 때, 어디를 말하는 것인가?〉

정보: 필자

〈'인도어'는 없다〉

정보: 필자

죄와 벌

〈살인율: 유럽 VS 미국〉

정보: Copyright©UCRDATATOOL.gov, an official site of the U.S. Federal Government, U.S. Department of Justice

〈세계의 사형 제도〉

정보, 개념: 'Death Penalty' ©2018 AMNESTY INTERNATIONAL
https://www.amnesty.org/en/what-we-do/death-penalty/

〈나라별 인구 10만 명당 수감자의 수〉

정보: Copyright©World Prison Brief, Institute for Criminal Policy Research.

개념: Reddit 사용자 Spartharios.

〈세계에서 일어난 테러의 기록들 (1970-2015년) (사망 유무 혹은 성공 여부에 관계없이)〉

정보: from the Global Terrorism Database developed by The National Consortium for the Study of Terrorism and Responses to Terrorism (START) at the University of Maryland. Copyright University of Maryland 2018.

개념: START는 대학에 근거를 둔 연구, 교육, 전문가 양성소로서 미국과 세계에 발생하는 테러리즘의 원인과 결과, 그리고 테러리즘에 대한 사회적 반응을 과학적으로 연구하기 위한 국제 네트워크이다.

www.start.umd.edu and www.start.umd.edu/gtd.

〈미국에서의 사형 집행 횟수 (1976년부터)〉

정보: Copyright©2018 Death Penalty Information Center

개념: Reddit 사용자 lursh123

환경

〈사자 분포도: 과거와 현재〉

정보, 개념: Copyright©Lion ALERT 2018. Data sourced from African Lion & Environmental Research Trust: a responsible development approach to lion conservation. www.lionalert.org

〈강이 없는 나라〉

정보: Copyright©Wikipedia 2018, 'List of countries without rivers', under Creative Commons Attribution-ShareAlike 3.0 Unported License

개념: Reddit 사용자 darth_stroyer

〈독을 가진 동물이 가장 많은 나라〉

정보: Copyright©Armed Forces Pest Management Board, 2018

개념: Reddit 사용자 lanson15

〈상어 VS 인간: 누가 누굴 죽이는 것인가?〉

정보: Copyright©2018 Elsevier B.V.

개념: Branden Rishel.

〈연간 일조 시간: 미국 VS 유럽〉

정보: Copyright©Wikipedia 2018, 'List of cities by sunshine duration', under Creative Commons Attribution-ShareAlike 3.0 Unported License

개념: http://jesusgonzalezfonseca.blogspot.com

〈기후 변화가 삶에 영향을 미칠 것이라고 믿는 미국인의 비율〉

정보: Howe, Peter D., Matto Mildenberger, Jennifer R. Marlon, and Anthony Leiserowitz (2015). 'Geographic variation in opinions on climate change at state and local scales in the USA.' Nature Climate Change, doi:10.1038/nclimate2583

개념: J. Marlon과 A. Leiserowitz (Yale Program on Climate Change Communication), P. Howe (Utah State University), and M. Mildenberger (University of California, Santa Barbara)가 The Yale Climate Opinion Maps를 만들었다.

상세한 정보는 P. D. Howe, M. Mildenberger, J. R. Marlon, J.R and A. Leiserowitz, (2015). Nature Climate Change, doi:10.1038/nclimate2583.

〈유럽에서 크리스마스에 눈을 볼 수 있을 확률〉

정보: Licensed from https://weatherspark.com/ Copyright©Cedar Lake Ventures, Inc.. All rights reserved

개념: Janne Peuhkuri